*A secreto agravio,
secreta venganza*

Letras Hispánicas

Pedro Calderón de la Barca

A secreto agravio, secreta venganza

Edición de Erik Coenen

CÁTEDRA
LETRAS HISPÁNICAS

1.ª edición, 2011

Ilustración de cubierta: Janice Toulouse, *Fire and Water*

Reservados todos los derechos. El contenido de esta obra está protegido
por la Ley, que establece penas de prisión y/o multas, además de las
correspondientes indemnizaciones por daños y perjuicios, para
quienes reprodujeren, plagiaren, distribuyeren o comunicaren
públicamente, en todo o en parte, una obra literaria, artística
o científica, o su transformación, interpretación o ejecución
artística fijada en cualquier tipo de soporte o comunicada
a través de cualquier medio, sin la preceptiva autorización.

© Ediciones Cátedra (Grupo Anaya, S. A.), 2011
Juan Ignacio Luca de Tena, 15. 28027 Madrid
Depósito legal: M. 133-2011
I.S.B.N.: 978-84-376-2731-1
Printed in Spain
Impreso en Huertras I. G., S. A.
Fuenlabrada (Madrid)

Índice

Introducción	9
Tres piedras de escándalo	11
El marco genérico	15
El imperio del honor	37
Los personajes y sus motivos	56
Versos de fuego y agua: el lenguaje de la comedia	71
La versificación	81
Esta edición	83
Bibliografía	97
A secreto agravio, secreta venganza	105
Primera jornada	109
Segunda jornada	141
Tercera jornada	175
Apéndice. Variantes y notas textuales	211

Introducción

Para Lía y Dante

TRES PIEDRAS DE ESCÁNDALO[1]

«Estas obras son en su fondo, en su esencia, radicalmente inmorales». Así dictaminó don Marcelino Menéndez Pelayo, hace un siglo largo, sobre tres obras dramáticas de Calderón en las que un hombre mata a su esposa con el fin de restaurar o salvaguardar su honor: *El médico de su honra*, *El pintor de su deshonra* y *A secreto agravio, secreta venganza*. Felizmente, quien así se lamentaba no permitió que su valoración ética nublara su criterio estético, no pudiendo dejar de confesar que esos mismos dramas que le resultaban tan repugnantes a la moral «son de los mejores del poeta». En el que nos ocupa aquí particularmente, reconoció «un drama admirable», que «no tiene escena ni personaje episódico que distraiga o entorpezca el progreso de la acción»[2]. Más de medio siglo antes, Juan Eugenio Hartzenbusch desvinculó de la misma manera lo bello de lo bueno, al admitir que *A secreto agravio, secreta venganza* «queda por una de las mejores de Calderón y aun por una de las mejores del teatro», a pesar de que «ofende a la moral» y «contradice a la doctrina cristiana», ya que «declara

---

[1] Quiero agradecer encarecidamente a Fernando Rodríguez-Gallego el haber leído esta edición antes de su publicación, eliminando de ella al menos algunos de los errores que había cometido. Vista la benevolencia con que trató mi texto, no dudo que quedan otros muchos, de los que soy el único responsable. Gran conocedor de los problemas textuales de la *Segunda parte de comedias* de Calderón, el profesor Rodríguez-Gallego me dio además valiosos y bien razonados consejos sobre los aspectos textuales, que mi tozudez o imprudencia no me dejaron seguir en todos los casos.

[2] «Dramas trágicos», págs. 130-131, 136 y 138. Sin mencionarlo, Menéndez Pelayo aplicaba, pues, el criterio aristotélico de la unidad de acción.

lícita la venganza»[3]. Antes, en tiempos de Carlos III —época menos acostumbrada a separar la moralidad del «buen gusto» literario—, hubo incluso algún crítico que se negaba a resumir el argumento por el mal ejemplo que podría dar una acción tan «malvada»; y hubo quien consideraba la obra digna de las llamas por «el título solo»[4]. En tiempos más recientes, voces como «moral» e «inmoral» han sido desterradas del lenguaje de la crítica literaria, pero es innegable que la preocupación por la moralidad de estas obras late debajo de muchas interpretaciones alternativas propuestas, sobre todo, por calderonistas británicos, y que suelen resultar, si admirables en su sutileza, incompatibles con la impresión que deja la confrontación directa con las obras que pretenden explicar.

Es curioso constatar que, de las muchas creaciones literarias que, en el último siglo y medio, han aspirado a escandalizar al lector —*épater le bourgeois*—, son poquísimas las que realmente lo han conseguido; mientras que Calderón, que sin duda nunca tuvo tal afán, lo consigue a pesar suyo. No es infrecuente en tiempos modernos abogar por una literatura provocadora y subversiva de la moralidad vigente; pero sospecho que precisamente entre los más firmes abanderados de tal concepción las tres obras tildadas de inmorales por Menéndez Pelayo serán contempladas con particular espanto. Son estas, a fin de cuentas, las que a Calderón le ganaron la reputación de defensor de la barbarie más inhumana; y es por ellas que se acuñó el término «honor calderoniano» para designar un sentido del honor cruelmente severo e inflexible, en cuyo nombre la venganza letal es siempre lícita.

Las principales piedras de escándalo con las que han tropezado tantos lectores en estas obras se encuentran en las escenas finales. En *El médico de su honra,* don Gutierre de Solís obliga a un sangrador a matar a su esposa doña Mencía, dándole a su muerte la apariencia de accidente; y el rey don Pedro, que conoce la inocencia de la víctima, acaba mostrando

---

[3] En su edición de las *Comedias* de la BAE, tomo IV, págs. 695-696.
[4] Véase Armendáriz Aramendía, «El sentido...», págs. 32-33.

comprensión y concediendo que, ante la acumulación de indicios de infidelidad matrimonial, no quedaba más remedio que el uxoricidio disimulado; finalmente, casa a don Gutierre con su antigua prometida, acción que tiene más de premio que de castigo. En *A secreto agravio, secreta venganza*, don Lope de Almeida, al prever el inminente adulterio de su mujer con un caballero castellano, da a ambos una muerte también aparentemente accidental; y también en esta comedia interviene finalmente el Rey. Aunque en este caso se limita a constatar que lo sucedido «es el caso más notable / que la Antigüedad celebra» (vv. 2746-2747), implícitamente emite un juicio similar al de su homólogo de *El médico de su honra*, al dejar sin castigo el crimen, respetando así el secreto de don Lope. En *El pintor de su deshonra*, Serafina, la esposa de don Juan Roca, es secuestrada por su antiguo amante don Álvaro; por una serie de circunstancias, don Juan los localiza justo en el momento en el que ella, despertándose asustada de una pesadilla, se arroja por primera y única vez a los brazos de don Álvaro, y don Juan mata a ambos a pistoletazos. En este caso no hay intervención real, pero el padre de la asesinada, don Pedro, y el padre del asesinado, don Luis, lejos de dar muestras de desconcierto, furia o incredulidad ante la inesperada muerte de sus respectivos hijos, no vacilan en alabar al asesino por su sangrienta intervención:

DON PEDRO.   [...] Aunque mi sangre derrame,
             más que ofendido, obligado
             me deja, y he de ampararle.
DON LUIS.   Lo mismo digo yo, puesto
             que, aunque a mi hijo me mate,
             quien venga su honor no ofende (III, 1026-1031).

Por más desconcertantes que sean, estos desenlaces no hubieran dado a Calderón su notoriedad como defensor a ultranza de un código de conducta inhumano si los tres dramas no hubieran poseído también las extraordinarias cualidades dramáticas y poéticas ya alabadas por Hartzenbusch y Menéndez Pelayo. Un repaso de comedias de asunto similar pero de menor renombre revela que estos finales, lejos de ser novedades introducidas en el arte dramático por Calderón, se insertan de pleno en una tradición dramática previa. Lope de Vega, en *El labrador del Tormes,* representó el caso de una bella campesina que, habiendo resistido los requiebros del mismísimo Rey, acaba cediendo a los de un conde que es su antiguo admirador. Ambos son asesinados por su marido, y el rey Alfonso, que está al tanto de lo sucedido, no solo elude castigar el delito, sino que lo considera motivo para armar caballero al delincuente. En otro drama de adulterio de Lope, *El toledano vengado,* el protagonista disfraza sus sangrientas venganzas de muertes accidentales —la misma estratagema, pues, que aplican los protagonistas de *A secreto agravio, secreta venganza* y *El médico de su honra*— para evitar la infamia que conllevaría la publicidad del adulterio. En *Los comendadores de Córdoba,* también de Lope, el Veinticuatro de Córdoba, al descubrir la infidelidad de su mujer con el comendador don Jorge, no solo mata a ambos, sino también a otra pareja de amantes, a sus propios criados y criadas, a sus esclavos y esclavas, y hasta al perro, al gato, al mono y al papagayo: exceso que es alabado como ninguno por el rey Fernando el Católico («hónrase Córdoba más / que por Séneca y Lucano / de tener tal ciudadano») y es premiado con una nueva boda muy honrosa.

Cierto, a diferencia de estas obras de composición anterior, *El pintor de su deshonra, El médico de su honra* y *A secreto agravio, secreta venganza* nos confrontan con el asesinato de una esposa manifiestamente inocente del adulterio que se le achaca (inocente sin más en las dos primeras, y al menos inocente *todavía* en *A secreto agravio, secreta venganza).* Sin embargo, también en esto parece haber un antecedente literario, puesto que, en este y en otros aspectos fundamentales, *El médico de su honra* comparte su argumento con otra comedia del mismo título. Dicha comedia fue publicada en 1633 bajo el nombre de Lope de Vega, pero por el estilo no parece ser suya; suele suponerse que es anterior a la de Calderón, aunque la cuestión no puede ser considerada resuelta del todo[5].

---

[5] Véase Albert E. Sloman, *The dramatic craftmanship...,* pág. 20. Sloman da argumentos razonables para suponer que la comedia atribuida a Lope es la fuente de la de Calderón, pero dado el extraordinario paralelismo que presen-

En suma, las tres piedras de escándalo de Calderón no se distinguen tanto por la calidad moral de su desenlace como por su calidad literaria, siendo las tres muy superiores a sus precursoras como dramas poéticos o poemas dramáticos. Para llegar hoy a una comprensión cabal de su sentido, conviene situar sus orígenes no en la mente presuntamente malvada de don Pedro Calderón, sino en una tradición literaria heredada por él: en un universo genérico que se había ido configurando ya durante varias décadas, y dentro del cual Calderón elaboró las piezas dramáticas de su primera época. Ello contribuirá sin duda a plantear en sus justos términos los problemas que presentan.

El marco genérico

A secreto agravio, secreta venganza. Gran comedia. Así rezaba el formulístico encabezamiento de esta obra en la edición príncipe, la *Segunda parte de las comedias de don Pedro Calderón de la Barca* (1637). También el testimonio textual más antiguo que se conserva —un manuscrito firmado por Diego Martínez de Mora en 1635— la define como «gran comedia». Así —a veces como «gran comedia» y otras como «comedia famosa», pero siempre como comedia— iban encabezadas las más de cien obras dramáticas en tres jornadas de Calderón que salieron de las imprentas del siglo XVII. Según su verso final, en cambio, *A secreto agravio, secreta venganza* es una «tragicomedia», y la muerte de la protagonista es llamada una «tragedia» en el verso 2695; y esta designación como tragedia ha sido adoptada por no pocos estudiosos modernos para clasificar la obra. El problema de la indefinición genérica no se limita a este texto y ni siquiera solo a su autor, sino que se extiende a otras innumerables «comedias» de la época. Muchas de las de Lope son llamadas a la vez «tragedia» o «tragi-

---

tan los dos dramas en la construcción del argumento —paralelismo muy superior a otros casos de reescritura de comedias anteriores—, cabe preguntarse si no fueron escritos al mismo tiempo, por ejemplo por un reto entre dos amigos poetas, partiendo de un mismo resumen en prosa del argumento.

comedia» por el propio poeta —en la dedicatoria, en los versos finales, o en el encabezamiento—, y algunas reciben incluso ambas designaciones, pero no por ello dejan de ir incluidas en tomos de «Comedias de Lope de Vega Carpio»[6].

La elección del rótulo no es un mero problema clasificatorio, ni deja reducirse a un simple episodio de la historia de los conceptos literarios. Saber qué es lo que Calderón pretendía escribir nos permite enfocar y evaluar *A secreto agravio, secreta venganza* en sus propios términos, y establecer en la medida de lo posible las expectativas que podría tener un público coetáneo al asistir a la representación.

La voz «tragedia» tiene la peculiaridad de haber entrado en el lenguaje escrito —en la *Poética* de Aristóteles— ya acompañada de su propia definición, por lo que cabe afirmar que solo puede haber tragedias en el sentido aristotélico de la palabra. Lope de Vega y los poetas dramáticos de su escuela estaban de sobra familiarizados con las teorías recogidas en la parte conservada de la *Poética,* sea a través de las traducciones latinas, italianas o españolas, sea por los comentarios interpretativos que circulaban en esos mismos idiomas[7]; y sin duda reflexionaron sobre ellas, aprendieron de ellas y recogieron elementos de ellas en su arte, en parte por lo que heredaron de la práctica dramática anterior, con la que no se produjo nunca una ruptura completa. No obstante, es manifiesto que su fórmula dramática no es una mera aplicación mecánica de estas teorías, como sí pretendía serlo el teatro

---

[6] Para un examen de la cuestión, véase Edwin S. Morby, «Some observations...», *passim.*

[7] La primera traducción al castellano de la *Poética*, de Alonso Ordóñez, es de 1626, si bien el comentario de Juan Pablo Mártir Rizo, de 1623, ya lleva el engañoso título de *Poética de Aristóteles traducida del latín* (BN, Ms. 602); las exégesis tempranas más extensas en castellano son la de Alfonso López Pinciano *(Filosofía antigua poética*, 1596), la de Francisco Cascales *(Tablas poéticas,* 1617) y la de José Antonio González de Salas *(Nueva idea de la tragedia antigua o ilustración última al libro singular de Poética de Aristóteles,* 1632). Con la posible excepción del tratado del Pinciano, pues todas son posteriores al triunfo de la fórmula dramática lopesca; pero el auge de la poética neoaristotélica en latín (Scaligero) e italiano (Robortello, Minturno, Trissino, Castelvetro) lo antecede en unas décadas.

neoclásico. Por otra parte, el término «tragedia» empieza a adquirir en escritos de la época un sentido más general, cercano al que posee hoy en contextos no literarios, de «suceso lastimoso», pero sin que se perdiera de vista el sentido original de la palabra. El propio Calderón puede servir de ejemplo. Emplea frecuentemente la voz «tragedia» del mismo modo que en *A secreto agravio, secreta venganza,* no para designar una acción dramática completa, sino para calificar algún suceso lastimoso incluido en ella; pero con plena conciencia del sentido original de la palabra, como demuestra el hecho de que la suele combinar con un uso metafórico de la palabra «teatro»[8]. Del mismo modo, una comedia de su amigo Antonio Coello pudo imprimirse con el paradójico encabezamiento de *Comedia famosa: la tragedia más lastimosa.*

El oxímoron «tragicomedia» fue introducido en tono burlón por Plauto en el prólogo de su *Anfitrión,* y reapareció famosamente, unos mil setecientos años más tarde, en la *Tragicomedia de Calisto y Melibea* de Fernando de Rojas. Los poetas dramáticos de la época conocían bien ambos antecedentes, pero el uso que hacen del término parece deberse a otros motivos que los aducidos por Plauto o por Rojas. El propio Lope eludió en ocasiones la responsabilidad de haber creado una modalidad teatral que no era tragedia ni comedia, aduciendo, por ejemplo, «que la costumbre de España [...] tiene ya mezcladas, contra el Arte, las personas y los estilos [...], de cuya variedad tomó principio la tragicomedia»[9]. Al resumir en su *Arte nuevo de hacer comedias* los principios elementales de la poética clásica, tal como él los entendía, explicó la oposición entre lo trágico y lo cómico de varias maneras. Por un lado, afirma que los dos géneros dramáticos fundamentales se diferencian solo en que la comedia «trata / las acciones

---

[8] En *La gran Cenobia,* Calderón habla de «la mayor *tragedia* / que en el *teatro* del mundo / la fortuna representa»; en *La selva confusa,* del «*teatro* donde has sido / *tragedia* de la fortuna»; en *El castillo de Lindabridis,* de un «*teatro* donde / la fortuna representa / del poder y del amor / la mayor de sus *tragedias*»; podrían añadirse otros muchos ejemplos.

[9] Dedicatoria de *Las almenas de Toro,* dirigida a Guillén de Castro, en la *Trecena parte de comedias de Lope de Vega Carpio,* de 1620.

humildes y plebeyas / y la tragedia las reales y altas» (vv. 58-60); por otro, recuerda que «por argumento la tragedia tiene / la historia, y la comedia el fingimiento» *(Arte nuevo,* vv. 111-112); y finalmente, vincula la tragedia con la gravedad y la comedia con la risa al afirmar que su propia mezcla de «lo trágico y lo cómico» (v. 174) «hará grave una parte, otra ridícula» (v. 177). Para Francisco de Cascales, cuyas posiciones rígidamente neoaristotélicas no le impedían ser amigo de Lope, la tragicomedia era un «monstruo», es decir, un animal compuesto de especies incompatibles; pero ya Lope recurrió unos años antes a lo que es esencialmente la misma metáfora, al llamarla «minotauro» *(Arte nuevo,* v. 176). En realidad, Lope, que compartía con los clasicistas su admiración por las letras de la Antigüedad, había visto muy bien que la distinción aristotélica entre comedia y tragedia se basa no en un criterio único, sino en una combinación de criterios; y la experiencia práctica que tanto contribuyó a la creación de su fórmula había generado combinaciones nuevas, modelos híbridos, que impedían manejar una nítida distinción genérica.

A diferencia de Lope, Calderón rehuyó la voz «tragicomedia». De hecho, su ocurrencia en el verso final de la presente obra es la única documentada en todos sus escritos. Incluso a las dos comedias suyas que, por su enorme cercanía argumental con *A secreto agravio, secreta venganza,* no pueden ser consideradas sino como pertenecientes al mismo subgénero —*El médico de su honra* y *El pintor de su deshonra*—, no les puso tal rótulo. A diferencia de *A secreto agravio, secreta venganza,* ambas obras acaban en el anuncio de una boda, pero ello apenas puede explicar este hecho, puesto que precisamente la fórmula de acabar «con bodas y muerte» resulta tragicómica por excelencia. Cabe dar otra explicación, sencilla y hasta banal: la escena final de *A secreto agravio, secreto venganza* está escrita en un romance con la asonancia *é-a,* que pudo sugerir a Calderón «tragicomedia» como palabra final; mientras las comedias mencionadas acaban en una asonancia diferente, que el poeta aprovechó para terminar en la tópica petición de perdón por los errores cometidos («perdonad sus muchas faltas» en *El médico de su honra;* «perdonad yerros tan grandes», en *El pintor de su deshonra)*. Si el término «tragicomedia» le resultó adecuado para definir *A secreto agravio, secreta venganza*, podemos suponer que también le hubiera valido para las otras dos obras; pero todo indica que la cuestión no le pareció lo bastante importante para hacerlo constar.

Es cierto que Lope de Vega hablaba en su *Arte nuevo* en términos generales de ofrecer «lo trágico y lo cómico mezclado» por sistema; y que Cascales coincidía con él al refunfuñar que cuanto se representaba en los teatros contemporáneos era tragicomedia. Podría afirmarse, pues, como lo han hecho en efecto algunos estudiosos[10], que el teatro de la época no era nunca ni trágico ni cómico en sentido puro sino siempre tragicómico. Pero la voz «tragicomedia» no aparece jamás definida con precisión en escritos contemporáneos, sino que remite a formas híbridas de muy diversa índole. Esta vaguedad y polivalencia la hacen poco manejable como herramienta analítica, y cabe sospechar que tampoco ese «vulgo» multiforme para el que escribían Lope y sus seguidores tenía un concepto claro de lo que podría ser una tragicomedia.

La incorporación de rasgos característicos de la tragedia en las obras dramáticas del barroco español no era óbice para que estas recibieran universalmente el rótulo de «comedia» o «comedia nueva». La razón es que el teatro grave de la España de la época no fue creado en contraposición con la comedia nueva, sino como variación o derivación de ella. De ahí que una misma obra pudo ser tildada de «tragedia» o «tragicomedia» sin dejar de ser a la vez comedia en el sentido de «comedia nueva». En efecto, la distinción genérica más fundamental, que debe servir de punto de partida, no es la que enfrenta comedia con tragedia, sino la que contrapone «comedia nueva» a «comedia antigua» o «vieja». El *Tesoro de la lengua española* de Covarrubias, publicado en 1611, da ya por sentada esta distinción, atestiguando así una aceptación ya generalizada. Dos años antes, el propio Lope, en su *Arte nuevo*, partía de una oposición nítida entre el «arte» —practicado

---

[10] Por ejemplo, A. de Toro, «Observaciones...», págs. 125-126.

por los antiguos y expuesto por Aristóteles y Horacio— y su propia práctica como poeta dramático. Bien mirado, más que mezclar «Terencio con Séneca» *(Arte nuevo,* v. 175), creando un revoltijo de comedia antigua y tragedia antigua, lo que mezclan *A secreto agravio, secreta venganza* y obras afines es, por un lado, un problema grave para los contemporáneos pero bastante ajeno al mundo clásico —el problema de la deshonra—, y por otro, elementos habituales en la comedia nueva en general, incluyendo sus manifestaciones más ligeras. Entre los más evidentes constan la división en tres jornadas, el sistema polimétrico, los personajes característicos un tanto estereotipados —los galanes, las damas, el viejo—, la presencia de una figura de donaire o gracioso, e incluso la costumbre de acabar la obra rompiendo la ilusión dramática con el anuncio del fin de la misma por parte de uno de los actores. Se incorporan también elementos situacionales propios de las comedias de enredo, que en otras tradiciones dramáticas resultarían incompatibles con una acción seria. Allí está, por ejemplo, el lance del galán forzado a esconderse en la habitación de su dama por la inoportuna llegada del dueño de la casa (el padre o hermano, en las comedias de enredo, o el marido, en los dramas de honor)[11]. Lances de honor como el que en la presente comedia finge don Luis (vv. 1601-1650) o incluso el que narra don Juan, en el que muere un hombre (vv. 184-241), son terreno compartido por los dramas de honor con las comedias de enredo al uso. El punto de partida solo difiere en que, en estas, las damas están por casar, mientras en aquellos, ya están casadas, por lo que el inocente flirteo con otro galán se convierte en amenaza seria de adulterio, y por tanto, de deshonra.

Por el peculiar papel del honor en el sistema de valores sobre el que se erigen estas obras, muchos estudiosos prefieren abandonar las designaciones genéricas clásicas y optan por referirse a *A secreto agravio, secreta venganza, El médico de su*

---

[11] Tal lance llegó a ser tan habitual en las comedias de Calderón, que un personaje de *La desdicha de la voz* puede exclamar: «debe de ser comedia / sin duda esta de don Pedro / Calderón, que hermano o padre / siempre vienen a mal tiempo» (pág. 938).

honra y *El pintor de su deshonra* como los «dramas de honor» de Calderón. El término es de cuño muy posterior a la creación de las obras en cuestión, pero cabe suponer que el público de la época reconocía rasgos comunes en estas tres obras, algunas de ellas compartidas con otras anteriores de otros autores, como ya señalé. Es decir, que Calderón podía contar con un público previamente familiarizado con un subgénero que habrá marcado sus expectativas al presenciar la representación de la obra. En este sentido, el concepto genérico de «drama de honor» resulta útil. El alcance del término varía entre los estudiosos: a veces se aplica solo a la citada tríada, pero a menudo se extiende, razonablemente, a un grupo mucho más amplio de obras teatrales en las que la recuperación o defensa del honor es el motivo central. Los límites de este grupo amplio son inevitablemente borrosos. Suelen incluirse los dramas de ambientación rural, como *Peribáñez*, *Del Rey abajo, ninguno* o *El alcalde de Zalamea*, pero no otras obras que, por su estilo y sus acciones trágicas relacionadas con la deshonra, están también cercanas, como *La niña de Gómez Arias* o *Las tres justicias en una*. Hay quien llega a incluir el *Céfalo y Pocris* de Calderón[12], por más que, como comedia burlesca, se pliega más a las convenciones del entremés que a las de las comedias «serias». Si se puede hablar de dramas de honor como género, tendrá que ser manejando un concepto de género literario muy abierto y elástico: más que un modelo genérico fijo, un conjunto de obras interconectadas en diverso grado.

Ciertamente, aspectos de dramas rurales como *Peribáñez*, *El labrador del Tormes*, *Fuente Ovejuna* o *El mejor alcalde, el Rey* pueden arrojar luz sobre obras como *A secreto agravio, secreta venganza*, tanto por las semejanzas como por las diferencias; pero estas últimas conllevan también una estructura genérica diferente. Parece legítimo atribuir a los dramas de ambientación rural un sentido político-social específico, como defensa del poder de la monarquía frente al poder señorial. En ellos, lo más habitual es que un noble rapte y viole a una villana de su

---

[12] M. Stroud, «Further considerations...», pág. 33.

señorío; siendo ella la víctima de un abuso de poder, su marido o padre (según el caso) no llega al extremo de asesinarla, y todo el peso de la venganza cae sobre el señor[13]. Diferente —sobre todo para el lector actual, simpatizante, al menos en sus mundos de ficción, con la causa de los de abajo contra los de arriba, del débil contra el fuerte— es el caso de los tres dramas de Calderón, donde la lógica del honor impone el atroz asesinato de la esposa, incluso siendo ella inocente. En su solución, estas obras se emparientan más bien con *Los comendadores de Córdoba*, *El castigo sin venganza* o *El labrador del Tormes* (esta última sí de ambientación rural), todas de Lope.

Este criterio de parentesco se expresa en el término genérico, preferido por la crítica de habla inglesa, *wife-murder plays,* que tiene la ventaja de limitar con menor ambigüedad el campo —al menos en el caso de Calderón— a las tres obras más estrechamente relacionadas entre sí, que acaban todas en el asesinato de la mujer por su propio marido; pero tiene la desventaja, en su traducción al castellano —«dramas de uxoricidio»—, de introducir un latinismo casi obsoleto. Siendo el único término capaz de delimitar el terreno adecuadamente dentro de la producción dramática de Calderón, me resignaré a su empleo aquí para referirme al grupo formado por *A secreto agravio, secreta venganza*, *El médico de su honra* y *El pintor de su deshonra*[14].

---

[13] Una excepción es *El labrador del Tormes,* cuya protagonista femenina, Casilda, no es raptada como las de *El mejor alcalde, el Rey, Fuente Ovejuna* o *El alcalde de Zalamea*, sino que cede a los embates amorosos del conde de Béjar, por lo que ambos son asesinados por su marido. Alfonso de Toro («Sistema semiótico-estructural...», págs. 84-91) ha catalogado bien las diversas estructuras básicas de estos dramas, pero no comparto su forma de explicar esta peculiaridad de los dramas donde el deshonrado es un plebeyo: «las mujeres nobles tienden a acciones inmorales, no las villanas. Es por esto que no se producen conflictos de este tipo entre los villanos, ya que actúan siguiendo y respetando las leyes del honor» (págs. 90-91). Resulta más convincente suponer que la representación de un conflicto de honor entre villanos hubiera parecido un despropósito para un público contemporáneo, tendente precisamente a asociar honor con nobleza; asociación, por otra parte, que reflejaban algunas disposiciones legales.

[14] También el protagonista de *El mayor monstruo* mata a su esposa, pero lo hace involuntariamente, por imposición del destino, al intentar matar a Oc-

Quizás la forma más adecuada de enfocar la cuestión del género es considerar que estos tres dramas participan en diverso grado en distintos niveles genéricos. En el nivel más general, como acción representada, pertenecen al género dramático, nacido en Grecia y ramificado por toda la literatura occidental. Más específicamente, pertenecen a la comedia «nueva», «lopesca» o «barroca», categoría dotada de códigos genéricos bastante fuertes y que no dejan de ser operativos en obras de tema grave. Pertenecen, más específicamente aún, a un grupo de obras que tratan el tema de la restauración de un honor perdido, los dramas de honor en sentido más amplio: grupo que, por más borrosos que sean sus límites, no deja de ser discernible como tal. Finalmente, los tres dramas constituyen hasta cierto punto un grupo genérico en derecho propio, por la impronta peculiar que dejó en ellos su autor y la abundancia de semejanzas situacionales y estilísticas que revisten. Parece razonable, por ejemplo, considerar inaceptable una interpretación ideológica de cualquiera de ellos que resultara incompatible con los otros dos; añado esta observación precisamente porque tales interpretaciones han proliferado en la crítica moderna.

Si pretendemos entender estas obras como tragedias, parece evidente que falta en sus desenlaces un elemento crucial para que sean capaces de inspirar en su público los sentimientos de terror y compasión que, según Aristóteles, generan el efecto catártico propio de las auténticas tragedias. Falta la anagnórisis o agnición, el «cambio de la ignorancia al conocimiento» del protagonista. A diferencia del Edipo de Sófocles —quien al descubrir la verdad de su destino, se arranca los ojos—, a diferencia del Otelo de Shakespeare —quien, nada más matar a Desdémona, descubre su inocencia y la trampa que le ha tendido Yago y, desesperado por su trágico error, se suicida—, los héroes de estos dramas no llegan nunca a saber la verdad del caso. Ni el secreto vengador de su

---

tavio, por lo que no puede ser considerado un caso de uxoricidio. Además, *El mayor monstruo* no tiene nada que ver con los dramas de honor: a diferencia de estos, está basado en la historia antigua, y el motivo del honor brilla por su ausencia.

agravio secreto, don Lope de Ataide, ni el médico de su honra, don Gutierre de Solís, ni el pintor de su deshonra, don Juan Roca, llegan a saber cuál es el vínculo entre su esposa y el galán sospechoso. Estos dos últimos no llegan a saber tampoco lo que sí descubre, pero demasiado tarde, Otelo: que su esposa está libre del menor asomo de lujuria. Y no vemos a ninguno de los tres al final de la obra exclamando, como lo hace una y otra vez el Enrique VIII de Calderón en *La cisma de Ingalaterra*, «¡Qué mal hice, qué mal hice!».

Sin embargo, se ha sugerido que estas obras son tragedias en un sentido diferente, que conlleva la aplicación, en sus desenlaces, de la llamada «justicia poética», siendo esta, según el calderonista inglés Alexander Parker, uno de los principios regidores de la comedia nueva en general. En su sentido original, el concepto de justicia poética supone que el desenlace de las obras dramáticas constituye un premio a la virtud y un castigo al vicio; Parker lo redefine como «el hecho de que no hay culpabilidad moral sin sufrimiento de alguna clase, y no hay sufrimiento sin algún grado de culpabilidad moral»[15]. Ahora bien, lo primero que conviene señalar es que tal concepto no es mencionado nunca ni en el *Arte nuevo de hacer comedias,* ni en ningún prólogo, dedicatoria u otro escrito de los propios dramaturgos barrocos. Su origen está en una tradición crítica ajena a la comedia nueva. El primero en aplicarlo fue el preceptista neoclásico francés Jules de la Mesnardière en sus análisis de tragedias clásicas, aunque no hablaba aún de «justicia poética» sino, en términos cercanos, de «justicia de poema» *(iustice de poëme)* y «justicia del teatro» *(iustice du Théâtre)*[16]. Fue un admirador de La Mesnardière, Thomas Rymer, quien, al introducir sus ideas en Inglaterra, acuñó un término traducible como «jus-

---

[15] Alexander A. Parker, «The Approach...», pág. 326n (cito por la traducción de Manuel Durán, en Durán y González Echevarría, *Calderón y la crítica,* II, pág. 367n). Tal definición, aparte de sustituir la noción de vicio por el de culpabilidad moral, parece reducir el alcance de la justicia poética a la mitad, excluyendo el «premio a la virtud».

[16] Jules de la Mesnardière, *La Poëtique,* págs. 167, 176, 177 y *passim.* Para Mesnardière y su aplicación del concepto de justicia poética, véase Coenen, «Reconsideración...».

ticia poética» *(poetical justice)*[17], y de él lo cogió, modificó *(poetic justice)* y divulgó un poeta y crítico neoclásico mucho más prestigioso, John Dryden. La justicia poética es, pues, un concepto fuertemente ligado a las preocupaciones morales de la crítica literaria neoclásica, y su aparición en las teorías poéticas fue posterior a la concepción de la comedia nueva e incluso posterior a los dramas de uxoricidio de Calderón.

No obstante, es cierto que ya existía el substrato teórico que permitiría su aparición. Lo encontramos en los múltiples intentos renacentistas de conciliar la *Poética* de Aristóteles con el *Arte poético* de Horacio, que famosamente aconsejaba la combinación de *dulce et utile*, de lo bello y lo didáctico. Desde este afán se había magnificado el alcance de un escueto comentario de Aristóteles *(Poética,* capítulo 18) sobre tragedias «de costumbre» o «de carácter», para forjar con él el concepto de «tragedia morale» (en preceptistas italianos como Minturno) o «tragedia morata» (en los españoles), convertida en género propio frente a la tragedia propiamente dicha, la «tragedia patética». Si la patética, conforme a la definición de Aristóteles, despierta terror y compasión representando un infortunio inmerecido en el protagonista, la morata hace todo lo contrario, dando a cada cual lo que se merece por su calidad moral. Lo explica así el Pinciano en su tratado de 1596:

> La segunda especie, dicha morata o bien acostumbrada, aunque es de más utilidad, no de tanto deleite trágico, porque la persona que tiene la acción en las partes principales o es buena o mala. Si es buena la persona, para ser morata la acción y que enseñe buenas costumbres, ha de pasar de infelicidad a felicidad y, pasando así, carece la acción del fin espantoso y misericordioso; carece, al fin, de la compasión, la cual es tan importante a la trágica como vemos en su definición. Y, si es la persona mala, para ser morata y bien acostumbrada la fábula, al contrario: pasará de felicidad en infelicidad, la cual acción traerá deleite con la venganza y

---

[17] Thomas Rymer, «The Tragedies of the Last Age...», pág. 27.

con la justicia, mas no con la miseración tan necesaria a la patética[18].

La persona buena que alcanza la felicidad y la mala que cae en la infelicidad: no es difícil entrever aquí el núcleo del futuro concepto de justicia poética. Sin duda, dentro de la historia de las ideas, esta relación es real. Pero con ello no se prueba la incorporación de la noción de tragedia morata en el sistema dramático de la comedia nueva. Este, a fin de cuentas, se configura con bastante independencia de las elucubraciones neoclásicas, y la inclusión de una reflexión sobre la «fábula morata» trágica en un escrito teórico contemporáneo no basta para dar por sentada la aplicación de tal concepto en la práctica literaria. Lo cierto es que, lo mismo que «justicia poética», no encontramos nunca el término «tragedia morata» en los escritos de los propios poetas dramáticos. Ni siquiera lo encontramos en quienes defendían la comedia nueva contra los muchos ataques contemporáneos a, precisamente, su presunta inmoralidad.

Creo que el único concepto que encontramos en los escritos de los propios poetas dramáticos barrocos que puede ser relacionado con una concepción didáctica de la literatura es el del «ejemplo». Es un término procedente no de la preceptiva poética sino de la retórica *(exemplum)*, donde se aplica a una breve narración que sirve para sustentar un principio general. El concepto estaba ya bastante afianzado en la práctica literaria, habiendo sido muy recurrido en la literatura medieval, como pretexto o justificación de la creación literaria, y con tal sentido lo encontramos en obras tan dispares como el *Libro de buen amor*, *El conde Lucanor* o *La Celestina*. El rey Alfonso el Sabio propuso incluso una lectura de la historia universal como conjunto de *exempla*, «porque de los fechos de los buenos tomassen los homnes exemplo pora fazer bien, e de los fechos de los malos, que recibiessen castigo por

---

[18] López Pinciano, *Philosophía antigua poética*, pág. 339 (epístola octava). El concepto de «fábula morata» es mencionada también por Cascales en sus *Tablas poéticas* de 1617 (págs. 41 y 193), pero sin digresiones ajenas a lo dicho por Aristóteles al respecto.

se saber guardar de lo non fazer»[19]. Pero el *exemplum*, como artificio retórico, no es necesariamente de índole moral. Cabría, así, leer *A secreto agravio, secreta venganza* —o, pongamos por caso, *No siempre lo peor es cierto* o *La vida es sueño*— como un *exemplum* moralmente neutro que no pretende sino ilustrar la sentencia que constituye su título.

Algo de la tendencia a entender la literatura como un conjunto de *exempla* pervive en la comedia nueva. Tanto sus detractores como sus defensores insistieron en el «ejemplo» que ofrece la acción de las comedias[20]. La asociación entre acción dramática y *exemplum* retórico queda bien ilustrada en un pasaje de la primera comedia fechable de Calderón, *La selva confusa:* en el manuscrito autógrafo, un personaje habla del «*teatro* donde has sido / *ejemplo* de la fortuna» (fol. 10r), pero en una revisión posterior del texto, el autor sustituyó «ejemplo» por «tragedia», atestiguando la pertenencia al mismo campo semántico de las voces «teatro», «ejemplo» y «tragedia». De modo similar, Segismundo, en su monólogo ante la Corte de Polonia, pide que «sirva de *ejemplo*» la acción dramática de la obra *(La vida es sueño,* v. 3228); y *Guárdate del agua mansa* concluye «con la moraleja / de "agua mansa" y su *ejemplo*» (vv. 3505-3506). De los tres dramas de uxoricidio de Calderón, *A secreto agravio, secreta venganza* es el único que contiene una afirmación semejante:

> volveré donde contemplo
> que dé su traición *ejemplo*
> y *escarmiento* mi venganza (vv. 1922-1924).

Más que una noción de justicia poética, es esta tradición de los «*exempla*» y «escarmientos» la que recoge a veces la comedia nueva; pero aun así, sería erróneo entenderla como un principio de aplicación generalizada, sistemática, necesaria. La comedia nueva no se caracteriza en absoluto por rasgos marcadamente doctrinales o didácticos. Entre sus fines principales figura el de proporcionar asombro, sorpresa y en-

---

[19] Prólogo a la *General estoria*.
[20] Véase Cotarelo, *Bibliografía...*, *passim*.

tretenimiento. Ante la continua demanda de nuevas comedias, busca asiduamente historias representables; y las busca, más que en historias edificantes, en sucesos llamativos, acciones notables capaces de despertar el interés del público de los corrales. De ahí la insistencia, precisamente en las comedias de tema grave, en lo «admirable» o «notable» de la acción. El desenlace de *La devoción de la cruz* es ponderado por Gil como «el más admirable caso / que jamás el mundo vio» (vv. 2516-2517). La venganza del Tuzaní en *Amar después de la muerte* es «la más amorosa hazaña / del mundo» (vv. 3249-3250). La mortal sangría de doña Mencía en *El médico de su honra* es una «notable venganza» de un «notable suceso», en fin, «el suceso más notable / del mundo» (vv. 2875, 2872 y 2713-2714). Y al final de *A secreto agravio, secreta venganza,* el Rey, lejos de pronunciarse en términos morales, se limita a observar que la venganza de don Lope «es el caso más notable / que la Antigüedad celebra» (vv. 2746-2747), es decir, una acción más digna de asombro incluso que las más asombrosas historias que narran las letras clásicas.

De modo que la noción de la ejemplaridad de la acción se mezcla a menudo con otras nociones y finalidades, y no debe ser entendida como un principio dogmáticamente aplicado en la comedia nueva. Difícilmente pueden ser explicados como ejemplares, al menos en el sentido moral de la palabra, los desenlaces de las comedias de uxoricidio de Calderón. Resultan incluso francamente intragables si nos empeñamos en entenderlos como manifestaciones de la justicia poética, interpretando las muertes de Leonor, Mencía y Serafina como «castigos al vicio». Cierto, la Beatriz de *Los comendadores de Córdoba* de Lope es una adúltera sin escrúpulos, por lo que cabría entender su asesinato en tales términos; pero las protagonistas de Calderón están hechas de otra madera.

Hay que subrayar que lo están porque su autor lo ha querido así. Hubiera sido fácil para Calderón retratar a Mencía, Serafina y Leonor como mujeres ligeras, entregadas con gusto al adulterio y contentas de engañar a sus respectivos maridos; Tenorios femeninos, orgullosas de sus conquistas extramatrimoniales y despreocupadas por las consecuencias de sus actos. Tales protagonistas hubieran sido las adecuadas para comedias que pretendieran moralizar sobre el adulterio. Pero lo que ofreció Calderón a su público fue todo lo contrario. Sus protagonistas femeninas son mujeres cuya eventual caída en el adulterio hubiera resultado, cuando menos, humanamente comprensible y fácil de perdonar. Como si esto no fuera suficiente, nos las representa resistiendo a la tentación con todas sus fuerzas, por más que estas sean insuficientes en el caso de la Leonor de la presente obra. Merece la pena examinar más de cerca cómo Calderón se esfuerza por despertar la simpatía del espectador para con ellas.

La Leonor de *A secreto agravio, secreta venganza* coincide con la Serafina de *El pintor de su deshonra* en una circunstancia fundamental: está casada con el hombre equivocado. Si las cosas fuesen como deberían ser, Serafina estaría felizmente casada con don Álvaro, el hermano de su mejor amiga; y doña Leonor con don Luis de Benavides, que ha tenido que partir a la guerra de Flandes antes de poder celebrarse su matrimonio. Pero las cosas no son como deberían ser y ambas mujeres creen haber perdido para siempre a su prometido esposo: Serafina cree que Álvaro ha perecido en un naufragio; Leonor, que Luis se ha muerto en el campo de batalla en Flandes. No acaban allí los parecidos. En *El pintor de su deshonra*, apenas sale al escenario, Serafina vierte lágrimas copiosas por la supuesta muerte de Álvaro y por sus indeseadas bodas con don Juan Roca; en *A secreto agravio, secreta venganza*, Leonor, apenas sale al escenario, irrumpe en lágrimas por la supuesta muerte de don Luis y por sus indeseadas bodas con don Lope. Incluso en su ejecución concreta, las dos escenas tienen mucho en común. Así, por ejemplo, se anuncia la relación de las penas de Serafina:

> SERAFINA. ¿Fuéronse?
> PORCIA. Sí, ya se fueron.
> SERAFINA. Pues, ¿qué aguarda mi pasión?
> PORCIA. ¿Qué lágrimas esas son?

De modo muy similar se anuncia la de Leonor en la presente comedia:

> Doña Leonor. ¿Fuese ya, Sirena?
> Sirena. Sí.
> Doña Leonor. ¿Óyenos alguien?
> Sirena. Sospecho
> que estamos solas las dos.
> Doña Leonor. Pues salga mi pena, ¡ay Dios!,
> de mi vida y de mi pecho;
> salga en lágrimas deshecho
> el dolor que me provoca
> el fuego que al alma toca

Esta forma de introducir a las protagonistas no puede sino involucrar emocionalmente al público con ellas. A fin de cuentas, un tópico de la época —muy recurrido por Calderón— insistía en el poder que ejercen sobre las voluntades masculinas las lágrimas femeninas: son estas las «armas de la hermosura», celebradas por el propio Calderón en el título de una comedia tardía.

Por supuesto, Calderón necesitaba introducir, de alguna forma, a un competidor para el marido de la protagonista, pero habiendo podido hacerlo de mil maneras, optó, en ambas comedias, por una versión en la que el competidor es un hombre que, sólo por un lastimoso malentendido, no ha llegado a ser el marido de quien parecía predestinada a ser su esposa. De haber sido personajes de una comedia de enredo al uso, en la escena final, don Luis se hubiera casado con doña Leonor y don Álvaro con Serafina; el hecho de que ambas se casen al principio de la comedia con otro hombre es el primer paso hacia el terrible desenlace.

Calderón, pues, procuró en ambas comedias despertar desde un primer momento la compasión del público para con sus desafortunadas protagonistas; y decidió también hacer reaparecer en ambas al supuesto muerto justo cuando su prometida acaba de casarse (por poderes en el caso de doña Leonor), creando con ello escenas cargadas de frustración sentimental muy tangible. Bien puede ser —como aducirán algunos— que un público del siglo XVII viera estos sucesos con otros ojos que nosotros; puede ser que tuviera nociones diferentes de las hoy vigentes sobre los deberes matrimoniales de hombres y mujeres; puede ser que atribuyera mayor peso al carácter sagrado del matrimonio eclesiástico; pero cualquier público de cualquier época comprenderá el drama humano al que se ven arrojadas, contra su voluntad, las dos parejas cuyo proyecto vital ha sido hecho añicos. Y cualquier público vivirá como especialmente digno de compasión el drama de las dos mujeres, precisamente porque Calderón nos ha hecho asistir directamente a su llanto y a la confesión desgarradora de sus penas. Esta manipulación de los sentimientos del espectador le impide refugiarse en fáciles tópicos sobre el deber de la fidelidad matrimonial, y le obliga a enfrentarse de pleno con el infortunio de las protagonistas.

El caso de doña Mencía en *El médico de su honra* es distinto, pero solo levemente. Su matrimonio con don Gutierre ya está asentado en el momento del inicio de la acción dramática. Su antiguo pretendiente, el infante don Enrique, no es tenido por muerto, sino que se ha marchado del lugar, y no parece haber dado nunca muestras de aspirar a casarse con ella. Su sangre real impone un desenlace diferente, puesto que constituye un impedimento para que sea asesinado por el marido celoso. Pero también doña Mencía, en cuanto queda sola después de encontrarse con su antiguo amante, lamenta su situación (aunque de manera más refrenada que las otras dos protagonistas), y se muestra profundamente alterada por la repentina aparición del Infante en su casa. A pesar de ello, se aprecia la dignidad con la que maneja la complicada situación. En suma, lo mismo que en sus otros dos dramas de uxoricidio, Calderón se esfuerza por ayudar a su público a meterse en la piel de esta mujer, sometida a una tentación difícil de resistir para un ser de carne y hueso.

La resistencia contra la tentación del adulterio es conducida con éxito total por Mencía y Serafina, y con éxito solo parcial por Leonor, que es en este sentido la más interesante de las tres, ya que en ella asistimos a una verdadera lucha interior. El pronunciado estoicismo de la época, muy presente en Calderón, valoraba en mucho la capacidad de «vencerse», es decir, de superar las propias pasiones más poderosas. En tales términos entiende Leonor su deber («vencerme puedo», v. 1387), y más explícitamente también Mencía:

> y solamente me huelgo
> de [...] tener en mis deseos
> qué vencer, pues no hay virtud
> sin experiencia. Perfecto
> está el oro en el crisol,
> [...] y así mi honor en sí mismo
> se acrisola cuando llego
> a vencerme, pues no fuera
> sin experiencias perfecto
>
> *(El médico de su honra,* vv. 140-152).

En efecto, doña Mencía supera la «experiencia» con brillantez, resistiendo heroicamente, casi beatamente, a los embistes amorosos del Infante de Castilla. No menos sobrehumana en la defensa de su honor de mujer casada se muestra Serafina en *El pintor de su deshonra*, negándose a entregarse a su antiguo prometido incluso cuando este la ha llevado desmayada a un escondite lejos de las ciudades. En fin, si la fidelidad matrimonial fuese una religión, Mencía y Serafina figurarían entre sus santas. En cuanto a la Leonor de *A secreto agravio, secreta venganza*, es cierto que cabe prever que está a punto de sucumbir cuando es asesinada, pero Calderón hace muy palpable, en lo que es tal vez la parte más lograda de la comedia, su lucha por resistirse con toda su fuerza de voluntad a la tenacidad del hombre que realmente ama.

Conviene tener muy presente, pues, que son precisamente los esfuerzos del autor por despertar la simpatía y la complicidad del público para con sus protagonistas femeninas lo que hace resultar tan terrible su destino final. Por lo tanto, son estos esfuerzos los que han despertado la indignación que han sentido los lectores de los últimos dos o tres siglos ante su muerte a manos de sus respectivos maridos, cuyo honor han luchado por defender («mi vida y mi honor / ya no es mía: es de mi esposo», dice Leonor, vv. 868-869). Es imposible que el espectador —insisto: el de hoy, el de ayer, o el de mañana— perciba justicia poética en sus muertes. Harto se ha resistido doña Mencía a los embates del Infante de Castilla para tener que morir por unas interpretaciones erróneas de un marido celoso. Harto ha sufrido doña Serafina, y harto ha sacrificado sus sentimientos en aras de la fidelidad matrimonial, para merecer el pistoletazo de su propio marido que acaba con su vida. Y harto perdonable resulta el probable desliz inminente de doña Leonor para que tenga que morir una muerte espantosa en las llamas: llamas que, según algunos críticos, prefiguran o simbolizan incluso la pena eterna que cabe prever tras esta muerte sin confesión. Aun así, la predisposición a encontrar justicia poética en los dramas de uxoricidio ha provocado una búsqueda con lupa para encontrar un defecto moral en Mencía o Serafina, pero lo cierto es que en ninguno de los tres dramas las acciones de las protagonistas femeninas son condenadas o criticadas. Es ilustrativa la narración de los hechos de *El médico de su honra* puesta en boca del gracioso Coquín ante el Rey. Pongo en cursiva las expresiones que me resultan especialmente significativas:

> Gutierre, *mal informado*
> por *aparentes* recelos,
> llegó a tener *viles celos*
> de su honor; y hoy, obligado
> a tal sospecha —que halló
> escribiendo *(¡error crüel!)*
> para el Infante un papel
> a su esposa, que intentó
> con él que no se ausentase,
> porque ella causa no fuese
> de que en Sevilla se viese
> la novedad que causase
> pensar que ella le ausentaba—
> *con esta inocencia,* pues,
> que a mí me consta, con pies
> cobardes, adonde estaba
> llegó y el papel tomó,
> y, sus celos declarados,
> despidiendo a los criados,
> todas las puertas cerró.
> Solo se quedó con ella.
> Yo, *enternecido de ver*
> una infelice mujer
> *perseguida de su estrella,*
> vengo, señor, a avisarte,
> que tu brazo altivo y fuerte
> hoy la libre de la muerte (vv. 2738-2764).

De modo que Coquín, observador neutral —comparable, en esto, al espectador de la obra—, considera a Mencía una víctima inocente de su mala fortuna («perseguida de su estrella»), digna de compasión («yo, enternecido de ver...»), asesinada por un «error cruel» de un hombre «mal informado» y preso de unos celos «viles». Respecto a este adjetivo, recuérdese que el propio Calderón llamó a los celos, ya desde el título mismo de otro de sus dramas, «el mayor monstruo del mundo».

En fin, no hacen falta sutilezas interpretativas para concluir que ningún espectador de estos dramas podría salir del teatro fortalecido en la convicción de que, si un hombre guarda tan solo la sospecha de infidelidad marital en su esposa, lo más aconsejable es matarla discretamente, junto con su supuesto amante. De ser así, habría que considerarlas, efectivamente, obras inmorales y peligrosas, eficazmente incitadoras a un recurso injustificable a la violencia.

Ahora bien, si los finales de los tres dramas de uxoricidio de Calderón no se dejan explicar en términos de justicia poética, habrá que preguntarse por la función de la intervención final del Rey en dos de ellos, así como por el sentido, en el tercero, de la explícita aprobación de los hechos por parte de los padres de los asesinados.

Como fórmula para rematar las comedias de tema grave, el enjuiciamiento de la acción principal por parte de los reyes no es invención de Calderón, sino que fue empleada ya a menudo por Lope de Vega. Más que una confirmación del principio de justicia poética, constituye su negación, puesto que tal principio no requiere la intervención de un juez que dicte sentencia, siendo el propio autor el «juez» que distribuye a sus personajes una suerte benigna o adversa de acuerdo con su calibre moral. Los reyes intervienen en las comedias como fuente de la ley y representantes supremos de la justicia: como agentes no de la justicia poética, sino de la justicia sin más. De ahí la importancia, en una comedia como *El alcalde de Zalamea*, de un proceso legal impecable —al menos en apariencia— como el conducido por Pedro Crespo y luego confirmado por el Rey; o del proceso conducido en *Fuente Ovejuna*, que no consigue dar con un culpable. El Rey actúa, según reza el título de una comedia de Lope paradigmática en este sentido, como *El mejor alcalde, el Rey*. Poco importa que, en pleno siglo XVII, con un sistema formalizado de justicia procesal e impersonal ya muy asentado, la figura del rey-juez sea un ideal inalcanzable o, cuando menos, un anacronismo: tal visión entre nostálgica e idealizada de la sociedad es precisamente uno de los rasgos que caracterizan la comedia nueva.

Justicia, pues, en el sentido cotidiano de la palabra; pero conviene introducir un matiz importante, y es que los poetas se esfuerzan por armonizar en los veredictos de los reyes, por así decirlo, el código penal con el código del honor. A la hora de la verdad, nunca es castigado, y a menudo es incluso premiado, quien haya actuado en defensa de su honor, independientemente de la moralidad o de la legalidad de sus acciones. En *Fuente Ovejuna*, el asesinato del Comendador —acción manifiestamente ilegal, tildado de «delito» por el Rey—, se lleva a cabo en defensa del honor de los afectados, por lo que Lope, para poder dejarla sin castigo, se cuela por un resquicio legal: la insostenibilidad jurídica del concepto de culpa colectiva. También en *El alcalde de Zalamea* se pretende reconciliar la honrosa venganza de Pedro Crespo con las exigencias de la ley y de la corrección procesal, habiendo una dificultad patente en la extralimitación jurisdiccional del alcalde. Muchas veces el Rey recurre a la prerrogativa que le permite perdonar los delitos. Así, en el *Peribáñez*, los Reyes perdonan el asesinato del Comendador de Ocaña por considerar que el delito «no es delito, / sino valor»; y también en *El labrador del Tormes*, el Rey, aun reconociendo el carácter delictivo del doble asesinato, lo considera «digno de perdonallo». En *Del Rey abajo, ninguno*, es la Reina quien ofrece el perdón a don García. El ejemplo más extremo, ya comentado anteriormente, es tal vez el del Veinticuatro de Córdoba, quien, después de su desmesurada venganza en *Los comendadores de Córdoba*, es perdonado e incluso efusivamente alabado por el Rey, que le premia con una nueva boda muy honrosa.

Cuando el rey impone un castigo, en cambio, el castigado es, por sistema, un hombre que ha actuado de modo deshonroso. Generalmente, los deshonradores pagan sus infamias con la vida: Gómez Arias (al menos en la versión de Calderón de *La niña de Gómez Arias,* que en esto se distingue de la de Vélez de Guevara), por haber vendido a su propia mujer a un bandolero morisco; don Tello de Neira *(El mejor alcalde, el Rey),* por secuestrar a una labradora en sus bodas y violarla. Tal vez el caso más elocuente es el de don Lope de Urrea hijo, en *Las tres justicias en una* de Calderón, que, siendo un personaje muy ambiguo en términos morales, sin embargo se ve condenado a muerte principalmente por «ofender, agraviar e injuriar» a quien cree que es su padre. También el comendador Fernán Gómez, en *Fuente Ovejuna,* o el capitán don Álvaro de Ataide, en *El alcalde de Zalamea,* pagan con la vida sus acciones deshonrantes, y como ya señalé, en ambos casos sus verdugos no son castigados por el rey. Hay, pues, cierto sistema en la actuación de los encargados de enjuiciar la acción de las comedias, que más que un código moral, más incluso que el código legal que es su deber aplicar, manejan como vara de medir un código del honor, solo parcialmente equiparable con un código ético. A veces, este código coincide en gran medida con las valoraciones morales de un público actual, pero cuando este no es el caso, suele producirse una ruptura comunicativa entre los dramaturgos áureos y nosotros.

En lo que atañe a la actitud del rey, *A secreto agravio, secreta venganza* y *El médico de su honra* son fieles a las convenciones genéricas: en ambas comedias se abstiene de castigar una acción atroz realizada en nombre del honor, y se entrevé incluso que la suscribe. En cuanto al final de *El pintor de su deshonra,* sin intervención real, su espíritu es el mismo: el protagonista ha actuado conforme a los imperativos del honor, por lo cual sus acciones son alabadas. Desde luego, el que Calderón ponga estas alabanzas en boca de, precisamente, los padres de las víctimas, puede causar perplejidad en el lector moderno, pero no es en absoluto ajeno a las convenciones del género. Compárese, por ejemplo, el final de *El labrador de Tormes* de Lope, donde Vidal, al descubrir la muerte de su propia hija a manos de Nuño, se dirige así al asesino:

> vos vengastes vuestro honor,
> y ese sólo ha de reinar.
> Mi hija es la que habéis muerto,
> Nuño, y al fin la pasión
> pudiera en esta ocasión
> pedir a este desconcierto
> venganza; pero no lo haré,
> porque yo fuera el villano
> si persiguiera la mano
> del que tan honrado fue;
> antes, por participar
> de hazaña tan conocida,
> quisiera darle la vida
> para volverla a matar (pág. 28a).

Al lado de los dos versos finales de Vidal, resultan hasta tibias las alabanzas de los padres afectados en *El pintor de su deshonra*. En otros casos, es incluso la propia víctima quien alaba su asesinato. Así, el don Jorge de *Los comendadores de Córdoba*, al recibir la estocada mortal del Veinticuatro, exclama que muere por «justa ley»; y en el *Peribáñez*, el moribundo Comendador de Ocaña alaba la actuación de su verdugo exclamando que «me ha muerto con razón» y que «no ha empleado mal su acero». Por supuesto, son reacciones que no deben ser leídas en clave de realismo psicológico, sino como expresión de la ley fundamental que rige las comedias de este género. ¿Qué mejor manera de reafirmar el imperio absoluto del honor —«ese sólo ha de reinar», en palabras de Vidal— que encargárselo a quienes más motivo tendrían para lamentar las venganzas sangrientas que provoca?

Pasemos, pues, a la consideración del papel del honor en la comedia nueva, que resulta clave para entender bien la acción y el desenlace de los dramas de uxoricidio.

EL IMPERIO DEL HONOR

Por supuesto, el asesinato de una esposa percibida como infiel no es la única acción dramática que en la comedia nueva se lleva a cabo en nombre del honor. Hasta en las comedias más ligeras, basta un «¡Mentís!» o un pequeño roce entre dos caballeros para que sin vacilar desenvainen las espadas en defensa de su honor. A menudo, las exigencias del honor son causa de situaciones puramente cómicas: las que se crean en comedias como *Los empeños de un acaso* o *Con quien vengo, vengo* rozan el absurdo; y lo rozaría también cualquier intento de interpretar tales comedias como propuestas de un código de conducta aplicable en la vida real. En comedias de tema serio, un bofetón deshonrante puede tener consecuencias gravísimas, llegando incluso a provocar una guerra civil en *Amar después de la muerte*. En los dramas de honor en sentido amplio, hay una preferencia manifiesta por las acciones en las que más reñidos estén los imperativos del honor con obligaciones de otra índole o con los intereses personales del deshonrado. Así, de los muchos hechos que Guillén de Castro podría haber ensalzado del Cid Campeador, eligió para *Las mocedades del Cid* una venganza tomada por el bofetón proporcionado a su padre por el conde Lozano; la circunstancia de que el Conde sea también el padre de Jimena convierte la venganza en un terrible acto de autosacrificio. En una escena de *La Estrella de Sevilla* —de Andrés de Claramonte, según su editor más reciente—, don Sancho de Ortiz se ve ante el deber de matar, en cumplimiento de un encargo del Rey, a don Busto, quien, aparte de ser su mejor amigo, es hermano de la mujer con la que está a punto de casarse. En lo esencial, estas situaciones dramáticas extremas son comparables con la situación a la que se ven arrojados los maridos uxoricidas de Calderón; y es comparable también la firme decisión de los protagonistas de dar prioridad a los imperativos del honor, cueste lo que cueste: para actuar de modo honrado, el Cid mata al padre de su amada; Sancho Ortiz, a su mejor amigo; y don Lope, don Gutierre y don Juan, a sus respectivas esposas.

Tal disposición a sacrificar cualquier interés, cualquier consideración o incluso un ser humano en aras del honor es presentada en la comedia nueva como la actitud caballeresca por excelencia. Como dice Sancho Ortiz en *La Estrella de Sevilla* al intentar convencerse de su obligación de cumplir su palabra dada al Rey:

> soy caballero,
> y no he de hacer lo que quiero,
> sino lo que debo hacer (vv. 1726-1728).

Dar prioridad a las exigencias del honor hasta en situaciones límite se considera, pues, la prueba más segura de verdadera nobleza. El que el labrador del Tormes, en la comedia de Lope del mismo título, sea realmente de descendencia noble, se considera demostrado precisamente por el doble asesinato que lleva a cabo, como recalca la reina María:

> bien se ha echado de ver
> que quien ha tanto ánimo
> para emprender tal hazaña
> de noble sangre ha gozado (pág. 30).

Igualmente, el Comendador de Ocaña, con su último aliento antes de morir, reafirma que Peribáñez —al que él mismo ha armado caballero— «no es villano, es caballero». De modo que las acciones extremas que realizan los personajes en nombre del honor constituyen una especie de prueba de fuego que deben superar como caballeros de verdad. En algunos dramas, la superación de tal prueba es lo que les declara aptos para cumplir la verdadera tarea de la nobleza en la sociedad tradicional: la guerra y la valentía en el ejercicio de las armas. De ahí que el rey don Alfonso XI arme caballero al recién vengado «labrador del Tormes», concediéndole el hábito de Santiago. De ahí que el Rey Enrique, al ponderar que «un labrador tan humilde» como Peribáñez «estime tanto su fama», decida que «un hombre deste valor / le quiero en esta jornada / por capitán». Conviene recordar estos antecedentes al considerar el final de la presente comedia. El que don Lope de Almeida acompañe al Rey en una desastrosa expedición militar a África ha sido explicado como un anuncio sutil de un «castigo» —por justicia poética— al protagonista, puesto que previsiblemente morirá como otros innumerables caballeros en la batalla de Alcazarquivir; pero las convenciones del género apuntan a una explicación en sentido contrario, según el cual su venganza sangrienta ha sido la ritual prueba de su capacidad de autosacrificio para blandir la espada al lado de su rey y buscar la muerte honrada ante el enemigo. A fin de cuentas, precisamente en el campo de batalla se exigía de un caballero una disposición para colocar su honor por encima de su propia vida.

Visto así, el problema que plantean estas obras no es un problema moral, como creían Hartzenbusch y Menéndez y Pelayo. Cuando don Sancho Ortiz, en *La Estrella de Sevilla*, cumple la palabra que ha dado al Rey matando a su mejor amigo, es obvio que está haciendo algo atroz y cumpliendo un orden injusto, impartido por un rey esclavo de sus impulsos sexuales; pero no por ello deja de ser una prueba del sentido del honor de don Sancho. Del mismo modo, en *El médico de su honra* y *El pintor de su deshonra*, es manifiesto que los protagonistas asesinan a sus respectivas esposas por interpretaciones erróneas de los hechos, y que sus víctimas no han hecho nada para justificar acción tan terrible; pero no por ello dejan de ser pruebas de su capacidad de hacer, sin pestañear, cualquier sacrificio por su honor. El que Calderón no haga mucho hincapié en lo dolorosa que les debe resultar su violenta resolución —apenas más que un «¡ay de mí!» en la presente comedia (v. 2558)— no es, por supuesto, porque supone que acciones así se pueden cometer sin dolor, ni por querer retratar a sus personajes como seres crueles e insensibles, sino por considerar que también en el mantenimiento de la compostura sus héroes deben mostrar su valor como caballeros. Como dice el Cid de Guillén de Castro, al aceptar matar al padre de su amada Jimena: «Razón es que sacuda / de amor el yugo, y la cerviz exenta / acuda a lo que soy» (vv. 536-538). Sacudir el yugo del amor para actuar como los caballeros honrados que son, sin que les tiemble el pulso: es esa la misión que deben cumplir también los tres uxoricidas de Calderón.

En resumidas cuentas, los dramas de honor no pretenden enseñar que don Sancho Ortiz hace bien en matar a su mejor amigo; ni que don Juan Roca, don Gutierre de Solís y don Lope de Almeida eligen la mejor acción posible; ni mucho menos que el Veinticuatro de Córdoba hace algo digno de emulación al matar, junto con los adúlteros, a sus criados, al perro, al gato, al mono y al papagayo por haber sido testigos de su infamia. Entenderlo así es suponer un vínculo demasiado directo y literal entre los mundos de ficción y el mundo real; es ignorar lo que tienen tales argumentos de magnificación y transformación de la realidad, de exageración intencional con fines artísticos. Pero no por ello estos dramas dejan de proponer, o al menos presuponer, la primacía del honor entre los valores mundanos. De modo análogo, y salvando las considerables distancias, las películas del Oeste del siglo XX no proponen la solución de cualquier problema a pistoletazos; pero sí ofrecen, en sus protagonistas, un modelo de actitudes y valores presentado como eminentemente viril y admirable en un mundo donde, qué le vamos a hacer, rige la ley del revólver. Elijo el ejemplo con intención: el mundo de los *westerns,* a medio camino entre histórico y mítico, pero identificable por su público como parte de un pasado colectivo cuando todavía había «hombres de verdad», acaso apela a sentimientos y anhelos similares a los que procuran satisfacer los dramas de honor en los castellanos del siglo XVII. Y por supuesto, si a algún hombre trastornado se le ocurre actuar en la vida real como los héroes de tales ficciones, su destino es los tribunales y la cárcel.

Permítaseme proponer otra analogía más, defectuosa sin duda como cualquier analogía de este tipo, pero creo que no del todo inadecuada. Leemos hoy aquella *Canción del pirata* en la que José de Espronceda ensalza a un delincuente, a un homicida habitual, que amenaza con ahorcar de su mástil a quien intente atajar sus delitos, y no nos indignamos ante el tono exaltado en que son presentados sus fechorías, ni siquiera al constatar que el pirata es presentado, para colmo y absurdamente, como ejemplar en su sentido de justicia (ya que «en las presas / yo divido / lo cogido / por igual»), o cuando se le atribuye una elevación espiritual y una sensibilidad estética descomunales («solo quiero / por riqueza / la belleza»). Como hijos y constructores de un orden social liberal, sabemos, intuimos, que lo que celebra el poema no son las actuaciones concretas, violentas y delictivas, de este hombre, sino el ideal de libertad que encarna su desenfrenado modo de existir, esa libertad que llama su «Dios» en el estribillo. No percibimos en la glorificación del pirata una cuestión moral, ni se nos ocurre pensar que se nos está proponiendo la piratería como modelo a seguir en nuestras propias vidas reales. De modo análogo, tal como lo que nos ofrece Espronceda, en el fondo, no es una exaltación de la piratería sino una exaltación de la libertad como valor supremo, lo que nos ofrecen Lope, Tirso, Calderón y otros poetas de su siglo no es una exaltación del uxoricidio o de la venganza, sino una exaltación del honor como valor supremo, encarnado en la disposición a hacer cualquier cosa en su nombre. La mayor distancia histórico-cultural nos impide entender esto con la misma facilidad intuitiva con la que captamos la idea que subyace a la *Canción del pirata;* precisamente por eso creo que la analogía es esclarecedora.

Durante un tiempo, los estudiosos se dedicaron a documentar pruebas para la suposición de que el código de honor y venganza que encontramos en los dramas de honor era reflejo literal de una realidad social. Podían aducir que, desde las recopilaciones medievales, la ley permitía (pero no imponía) a los hombres matar personalmente a su esposa adúltera y a su amante. En efecto, hay unos cuantos casos documentados de lo que podrían ser venganzas de este tipo, aunque generalmente no es posible conocer los motivos ni las circunstancias del uxoricidio. Algunos dramas de uxoricidio, como *Los comendadores de Córdoba,* dramatizan un suceso real (pero no contemporáneo); y según Calderón, también *A secreto agravio, secreta venganza* recoge una «verdadera historia» (v. 2750)[21]. Lo que sucede es que casos similares se producen en todas las sociedades —y, la verdad sea dicha, acaso en ninguna tanto como en las nuestras de hoy—, por poco preocupadas por el honor que estén. Además, no hay indicio

---

[21] Nadie ha identificado tal suceso real. Se han propuesto también fuentes literarias de la obra, como la novela *La más prudente venganza* y la comedia *El toledano vengado,* ambas de Lope, pero las semejanzas son demasiado tenues para servir de prueba. Sí parece lícito relacionar la escena entre don Juan y don Lope al principio de la jornada tercera con el diálogo de Sancho y Orelio al principio de la jornada tercera de *El celoso prudente* de Tirso de Molina (véase más adelante, págs. 69-70).

alguno de que tales crímenes contaran con el beneplácito social[22].

Ahora bien, decir que el imperio del honor y de la venganza constituye, más que un reflejo de una realidad extraliteraria, un rasgo genérico, impuesto por una fórmula teatral de éxito comprobado, no significa negar la existencia de un sustrato real del que se nutría el género literario. El papel del honor como motivo central de la comedia nueva solo resulta explicable si postulamos un público para el que el honor era un valor de importancia capital, y su pérdida un suceso grave. Solo un público de tales características pudo haber apreciado con plenitud la dimensión trágica del destino de don Juan Roca o don Lope de Almeida. El malicioso regocijo con que se siguen celebrando hoy en muchos círculos expresiones como «cornudo y contento» demuestra que no se trata de un problema del pasado, ya totalmente superado; pero sin lugar a dudas hay una diferencia importante de calidad, de intensidad en la percepción de cuestiones como las de la fidelidad matrimonial entre la época de Calderón y la nuestra.

Conviene señalar, primero, que para Lope, para Calderón, para su público contemporáneo, la deshonra es una desgracia que no afecta únicamente al individuo, sino a toda su familia y a todo su linaje. Es esta trascendencia lo que justifica, al menos en parte, que el individuo sacrifique sus intereses particulares en aras de su honor. El honor lo gana el individuo en el campo de batalla y de él lo heredan sus descendientes, que tienen el deber de conservarlo y reafirmarlo en sus acciones. Lo mismo que un honroso título de nobleza ganado en la guerra, la deshonra que lo mancilla es transmitida de generación en generación.

Incluso en términos puramente individuales, el honor posee una especial trascendencia, al desbordar la brevedad efímera de la vida humana y perdurar en la fama póstuma. Recuérdese cómo Jorge Manrique, al presentar en sus famosas *coplas* a su difunto padre como modelo de caballero cristiano,

---

[22] Véase el excelente estudio de Stroud, «Further considerations...».

distingue tres niveles de vida: la más breve, que es la del cuerpo; «otra vida, más larga» que es la del honor; y finalmente, la vida eterna del alma; y recuérdese cómo aduce que

> aunque esta vida de honor
> tampoco no es eternal
> ni verdadera,
> mas, con todo, es muy mejor
> que la otra temporal,
> perecedera

(Coplas por la muerte de su padre, vv. 415-420).

Recuérdese también ese momento clave de *La vida es sueño* cuando Segismundo decide «acudir a lo eterno», e identifica lo eterno no con el Más Allá, sino con «la fama vividora», es decir, con la reputación duradera en este mundo (vv. 2982-2983). Las acciones honradas son lo que perdura en los libros de historia, esculpidas en «mármoles eternos», erigidas en «bronces», rememoradas por «las lenguas de la fama».

La peculiar actitud frente al honor que presenta la ficción literaria del barroco español tiene que ver en parte con que la fuente original del honor se había ido secando. Hacía tiempo que Castilla dejó de tener una extensa frontera inestable con los reinos musulmanes potencialmente hostiles, donde el valor y la destreza en las armas era un requisito esencial para los repobladores. Además, como vio tan agudamente Cervantes, la llegada de las armas de fuego, capaces de derribar al caballero más ágil desde una cómoda distancia, había transformado el arte de la guerra y el papel militar de la nobleza. Otros factores históricos pudieron agudizar aún más la sensación de amenaza del honor estamental: la cada vez más frecuente venta de títulos nobiliarios, por ejemplo, o la muy documentada sensación de crisis y de decadencia reinante en la Castilla de la época. Sería temerario pretender saber reconstruir con mucha precisión, por medio de conceptos, la mente del hidalgo castellano del siglo XVII; pero cabe sospechar que, acaso como estrategia compensatoria inconsciente, o como intento de seguir destacando su especificidad como estamento social, su afán de honor tendía a desplazarse del ámbito militar a otros terrenos, originalmente secundarios, que en consecuencia tendían a cobrar cada vez más peso[23]. Parece oportuno mencionar aquí uno de estos terrenos —destacado por Calderón en incontables ocasiones—, por cómo entra en contradicción al menos aparente con su supuesta defensa del uxoricidio: el deber de respetar y proteger a las mujeres.

Sin duda el honor, como valor supremo de una ética caballeresca, ofrecía en el mundo real una pauta de conducta importante; pero tenía un competidor notable en las enseñanzas del cristianismo, con su doctrina del perdón y su exigencia del desprecio del honor mundano (recuérdese aquel lamento de Lazarillo de Tormes al Señor sobre los caballeros que «padescen por la negra que llaman honra lo que por Vós no sufrirán»)[24]. Algunos fenómenos históricos medievales y posmedievales admiten una explicación como intentos de reconciliar estos dos sistemas de valores; pero en la práctica apenas entraban en conflicto, ya que una tradición secular permitía separar los ámbitos religioso y mundano, identificados con dos estamentos diferentes. La división principal de géneros dramáticos puede ser considerada reflejo de la coexistencia de ambos códigos: por un lado están las comedias, ámbito regido por las leyes del honor y del amor mundano; por otro, los autos sacramentales, ámbito de lo teológico y de las verdades de la fe. Es interesante constatar que, al lado de la imagen de un Calderón defensor de un código cruel de venganza —imagen creada con motivo de sus dramas de uxoricidio— persiste la de un Calderón profundamente religioso, creada con motivo de sus autos sacramentales. Conviene subrayar la radical incompatibilidad de estas dos reputaciones, que solo se resuelve entendiendo las obras dramáticas de Calderón no como proyecciones de la personalidad de su autor, sino como intentos de alcanzar la ex-

---

[23] Se ha postulado también, siguiendo una teoría de Américo Castro, una relación importante con los estatutos de limpieza de sangre. La defensa más reciente y acaso más sólida de esta hipótesis es la de M. McKendrick, «Honour/Vengeance...».

[24] Tractado tercero (pág. 84).

celencia en géneros diversos, cada uno regido por sus propias leyes internas.

Algunos estudiosos han dado por supuesto que el público del siglo XVII estaba tan empapado del código moral del Evangelio que no pudo sino proyectarlo sobre los dramas de uxoricidio que veía representados sobre el escenario, interpretándolos como un ataque irónico a la veneración «religiosa» del honor que practican sus protagonistas[25]. Tal lectura —un tanto protestante, tendente a entender la religión más como una ética individual que como un conjunto de ritos colectivos y doctrinas transcendentales— choca con el hecho de que, en la comedia nueva, el concepto en sí del honor aparece invariablemente como una fuerza positiva; y choca también con la ausencia casi total del elemento religioso en estas obras. Es significativo que el adulterio sea enfocado en ellas siempre como un atentado contra el honor, y solo en contadas ocasiones, muy de pasada, como infracción de un sacramento. También es significativo que, desde sus primeros momentos, la comedia nueva sufriera severos ataques desde círculos eclesiásticos, y que fuera en nombre de la moral cristiana que se ejerció considerable presión (con éxito, en ciertos periodos) para que se prohibiese la representación o la impresión de comedias. Una de las dianas principales de los detractores de la comedia nueva fue precisamente su exaltación de las «leyes» del honor. Recojo tres testimonios de ello, todos escritos poco después de la muerte de Calderón[26]:

> Este ídolo de la venganza, con el nombre de punto de honra y de duelo, se adora en las comedias [...]. Esta estatua que derribó la predicación evangélica y ha querido convertir en ceniza el rayo de anatemas pontificios, vuelven a colocar las comedias sobre los altares fantásticos de la honra. A esta falsa y bárbara deidad de la venganza se enseña en las come-

---

[25] Véase, por ejemplo, Dunn, «Honour and the Christian background».
[26] Se trata, más concretamente, de refutaciones de la extensa apología de la comedia nueva ofrecida por el P. fray Manuel de Guerra y Ribera en su Aprobación de la *Verdadera Quinta parte de Comedias* de Calderón (1682).

días a ofrecer la hacienda, la quietud y la vida, y lo que es más, siendo la pasión amorosa a quien universalmente se venera en el teatro, aun el mismo amor lo sacrifican sobre los altares del duelo. ¿Dónde se tratan los puntos del duelo con examen más escrupuloso? ¿Dónde se enseñan más exactamente las leyes del desafío? ¿Dónde se establece con más rigor la obligación de aceptar, anticipando el salir al lugar destinado? ¿Dónde se niega más rígidamente la dispensación del reñir? ¿Y dónde en el mundo se infama más aún a la duda más ligera de haber faltado al más melindroso punto de esta locura, ni se aplaude más gloriosamente el haber observado en todo esta gentílica barbaridad? Confieso que me hace escandaloso horror que no solo con indemnidad sino con aplauso se establezcan en las comedias estas leyes de venganza con nombre de duelo contra la razón, contra la piedad, contra la Iglesia y contra todo el Evangelio de Jesucristo[27].

Tragedias cuyo argumento eran incestos y parricidios no se escriben ya en castellano como los escribían los antiguos, y así no se ven en las tablas aquellos abominables ejemplos; pero en lugar de estos están llenas las comedias modernas de otra diabólica enseñanza, que es la de las leyes del duelo. Apenas hay comedia de capa y espada que no tenga esta lección. ¿Qué locuras (esta es la voz más templada que merecen) no tienen discurridas sutilísimamente nuestros cómicos para mantener el punto, como ellos dicen y como es en [l]a verdad, para no sufrir la injuria más leve, para ejecutar sangrientas venganzas contra la doctrina de Jesucristo? ¿Qué delicadezas no advierten en este punto como obligaciones de beber la sangre del prójimo?[28].

Allí [i. e., en las comedias] el duelo, el punto, el desafío, la defensa del pundonor mundano, la estimación de la honra vana sobre el alma y sobre Dios, el desprecio de la vida y de los riesgos, el andar siempre con la espada en la mano ven-

---

[27] El padre Agustín de Herrera, *Discurso teológico y político sobre la apología de las comedias que ha sacado a luz el reverendísimo padre maestro fray Manuel Guerra...* (1682), en Cotarelo, *Bibliografía...*, págs. 356b-357a.
[28] P. Pedro Fomperosa y Quintana, *El buen zelo* (1683), en Cotarelo, *Bibliografía...*, págs. 263b-264a.

gando los pensamientos mismos, es el crédito y distintivo de la nobleza, y todo lo contrario a esto es la vileza más indecente y la deshonra más insufrible[29].

Lo realmente interesante de estas citas es el hecho de que asocian las «leyes de venganza» y las «leyes del duelo» no con la realidad social sino con el género literario. Cierto, las venganzas se representan en los teatros «con aplauso», según el P. Agustín de Herrera; pero no es en la vida cotidiana sino en las comedias mismas donde se «adora» al «ídolo de la venganza», y es en las comedias mismas donde «se establecen» aquellas «leyes de venganza» que estos autores eclesiásticos consideran una «diabólica enseñanza» al público. No es mucha la distancia que separa a estos moralistas, contemporáneos de la comedia nueva, de los que hoy denuncian el fácil y desmedido recurso a la violencia o al sexo en nuestras pantallas. El hecho es que, tal como la violencia de nuestras ficciones cinematográficas no constituye una simple reproducción de actitudes reales, ni puede ser considerada una proyección de la mente supuestamente perversa de nuestros guionistas, las violentas soluciones que proponen los dramas de honor no constituyen ni un reflejo de la realidad de la época ni una proyección de la mente de los poetas. Pertenecen ante todo, insisto, a una fórmula teatral[30].

Se ha insistido mucho en que la comedia nueva —y detrás de ella, de algún modo, la sociedad castellana de la época— entendía por «honor» no tanto la autoestima como la reputación social, siendo casi sinónimo de «fama» y «opinión». El honor o la honra[31], así como su antónimo, la deshonra, nos

---

[29] P. Ignacio de Camargo, *Discurso teológico sobre los teatros y comedias de este siglo* (1689), en Cotarelo, *Bibliografía...*, págs. 126ab.
[30] Véase también las excelentes reflexiones de C. A. Jones en «Honour in Spanish Golden Age drama...» y «Spanish honour...», estudios pioneros en su enfoque del honor como convención genérica.
[31] La distinción semántica que se ha hecho entre «honor» y «honra» me parece poco operativa en al menos casi todos los contextos, pues son en la práctica términos sinónimos, intercambiables cuando así lo exige el silabeo o la rima. Véase al respecto Chauchadis, «Honor y honra...».

vienen dados por los demás, según proclamó Lope en algunos de sus textos; así, en *Los españoles en Flandes* (págs. 522-523):

> ¡Oh, cómo se echa de ver
> que el honor nadie le tiene
> sino que de otro le viene,
> que es el que le puede hacer!

O en *Los comendadores de Córdoba* (pág. 246):

VEINTICUATRO. ¿Sabes qué es la honra?
RODRIGO. Sé que es una cosa
que no la tiene el hombre.
VEINTICUATRO. Bien has dicho.
Honra es aquella que consiste en otro:
ningún hombre es honrado por sí mismo,
que del otro recibe la honra un hombre.
Ser virtüoso hombre y tener méritos
no es ser honrado; pero dar las causas
para que los que tratan les den honra.

Podría aducirse que el hecho de que Lope sintiera la necesidad de definir el término demuestra ya de por sí que admitía la posibilidad de otros significados; pero creo que en los pasajes citados no hace más que señalar algo que está implícito en el concepto mismo del honor. Cabe preguntarse hasta qué punto puede existir un sentimiento de autoestima sin un contexto social en el que el individuo se hace, se valora, adquiere pautas de conducta y busca el respeto de los demás. El concepto de un sentido del honor forjado en independencia total del entorno puede resultar atractivo en una sociedad como la nuestra, con sus ideales de libertad y autonomía individual, pero es sin duda una imposibilidad psicológica.

La distinción importante que hay que hacer no es la habitual entre honor como autoestima y honor como reputación. Nuestra reputación, por más que resida en lo que los demás piensan de nosotros, no deja de depender en gran medida de nosotros mismos, por medio de nuestras acciones: como dicen los versos citados de Lope, nuestros méritos dan «causa» para que los demás nos honren. La distinción realmente importante que hay que establecer es entre, por un lado, reputación ganada por los propios esfuerzos, méritos o virtudes, y por otro, reputación ganada (o más habitual, perdida) a causa de las acciones ajenas. Esto último es representado siempre como un problema grave en el teatro barroco: precisamente porque el honor es de suma importancia, su vulnerabilidad en este sentido constituye una amenaza terrible. Nótese cómo en la presente comedia —o en cualquier otra de su índole— se retrata al protagonista masculino como hombre de honor impecable. Ya en la primera escena recibe las alabanzas del Rey («Estimo en mucho yo vuestra persona», v. 21), que más tarde alabará su destreza como soldado («¡Oh don Lope de Almeida! Si tuviera / en África esa espada, yo venciera / la morisca arrogancia y bizarría», vv. 1939-1941). Se muestra ejemplar en su cumplimiento de los deberes de la amistad, como reconoce don Juan (vv. 1779-1784); y por supuesto, también don Juan, siendo su amigo, no puede ser sino un caballero de honor. Pues bien, el que precisamente caballeros tan intachables tengan que sufrir la deshonra por causas que están fuera de su control les hace dignos de simpatía y compasión.

Por supuesto, Calderón no se propuso en estas obras poner en tela de juicio la noción misma del honor y sus imperativos. Sería absurdo sostener tal hipótesis, puesto que el honor, como motivo dramático y como código de conducta, es omnipresente en él y en la comedia barroca en general. Pero resulta significativo que sus protagonistas deshonrados denuncien enfáticamente el problema que acabo de señalar: la medida en la que el honor no depende de las acciones propias sino de las lenguas maldicientes de los demás. Así, don Juan Roca, ante el secuestro de su esposa en *El pintor de su deshonra* (III, 484-512), maldice a quienquiera haya sido el inventor de tal «ley» del honor:

> ¡Mal haya el primero, amén,
> que hizo ley tan rigurosa!
> Poco del honor sabía
> el legislador tirano
> que puso en ajena mano

> mi opinión, y no en la mía:
> que a otro mi honor se sujete
> y sea, ¡oh injusta ley traidora!,
> la afrenta de quien la llora
> y no de quien la comete.
> ¿Mi fama ha de ser honrosa,
> cómplice al mal y no al bien?
> ¡Mal haya el primero, amén,
> que hizo ley tan rigurosa!
> ¿El honor que nace mío,
> esclavo de otro? ¡Eso no!
> ¿Y que me condene yo
> por el ajeno albedrío?
> ¿Cómo, bárbaro, consiente
> el mundo este infame rito?
> Donde no hay culpa, ¿hay delito,
> siendo otro el delincuente?
> De su malicia afrentosa,
> ¡que a mí el castigo me den!
> ¡Mal haya el primero, amén,
> que hizo ley tan rigurosa!

El repetido «Mal haya el primero, amén...» recuerda versos similares pronunciados por el protagonista masculino de *El médico de su honra* atribuido a Lope (vv. 2268-2271):

> ¡Mal haya, amén, el primero
> que este género de honor
> impuso con tal rigor,
> tan bruto, bárbaro y fiero!

Tirso pone en boca del protagonista de *El celoso prudente* una exclamación semejante sobre estas «leyes» del honor:

> ¡Ay, leyes fieras del mundo,
> de las de Dios embarazo!

La misma «ley» la denuncia el don Juan de *A secreto agravio, secreta venganza* (vv. 203-217):

> ¡Oh tirano error
> de los hombres! ¡Oh vil ley

>   del mundo! ¡Que una razón,
>   o que una sinrazón, pueda
>   manchar el altivo honor
>   tantos años adquirido,
>   y que la antigua opinión
>   de honrado quede postrada
>   a lo fácil de una voz!
>   ¡Que el honor, siendo un diamante,
>   pueda un frágil soplo —¡ay Dios!—
>   abrasarle y consumirle,
>   y que, siendo su esplendor
>   más que el sol puro, un aliento
>   sirva de nube a este sol!

Su amigo don Lope elabora más esta idea al interrogar a su propio honor en la jornada tercera (vv. 1993-2017):

>   ¡Ay honor, mucho me debes!
>   Júntate a cuentas conmigo.
>   ¿Qué quejas tienes de mí?
>   ¿En qué, dime, te he ofendido?
>   Al heredado valor,
>   ¿no he juntado el adquirido,
>   haciendo la vida en mí
>   desprecio al mayor peligro?
>   ¿Yo, por no ponerte a riesgo,
>   toda mi vida no he sido
>   con el humilde, cortés;
>   con el caballero, amigo;
>   con el pobre, liberal;
>   con el soldado, bienquisto?
>   Casado, ¡ay de mí!, casado,
>   ¿en qué he faltado, en qué he sido
>   culpado? ¿No hice elección
>   de noble sangre, de antiguo
>   valor? Y agora a mi esposa
>   ¿no la quiero, no la estimo?
>   Pues si en nada no he faltado,
>   si en mis costumbres no ha habido
>   acciones que te ocasionen
>   con ignorancia o con vicio,
>   ¿por qué me afrentas, por qué?

Según esta representación de las cosas, el ofensor no es la supuesta adúltera ni su supuesto amante, sino el honor mismo que, al depositarse en acciones ajenas, se vuelve contra el individuo que no ha hecho nada para merecer su deshonra. Desarrollando más esta idea, así como la noción de una «ley» del honor, don Lope adopta un lenguaje propio de los procedimientos jurídicos (vv. 2018-2032):

> ¿En qué tribunal se ha visto
> condenar al inocente?
> ¿Sentencias hay sin delito?
> ¿Informaciones sin cargo?
> ¿Y sin culpas hay castigo?
> ¡Oh locas leyes del mundo!
> ¡Que un hombre que por sí hizo
> cuanto pudo para honrado
> no sepa si está ofendido!
> ¡Que de ajena causa —¡ajena!—
> venga el efecto a ser mío,
> para el mal, no para el bien,
> pues nunca el mundo ha tenido
> por las virtudes de aquel
> a este en más!

Tal denuncia de las normas sociales no extrañaría en la literatura de tiempos más recientes, desde Rousseau para acá: el Romanticismo abunda en héroes de ficción dispuestos a rebelarse contra las convenciones vigentes en la sociedad, y la noción de «crítica social», fortalecida por el marco teórico del marxismo, se ha afincado en la literatura posromántica; pero en Calderón, la denuncia de las normas sociales conduce a una conclusión acorde con el estoicismo de su tiempo[32], o al menos, acorde con las necesidades dramáticas (vv. 2043-2050):

> Pero acortemos discursos,
> porque será un ofendido
> culpar las costumbres necias

---

[32] Compárense versos como estos, más o menos contemporáneos, con que arranca un soneto de Quevedo: «En el mundo naciste, no a enmendarle, / sino a vivirle, Clito, y padecerle».

> proceder en infinito.
> Yo no basto a reducirlas:
> con tal condición nacimos;
> yo vivo para vengarlas,
> no para enmendarlas vivo.

Debido a estas «costumbres necias», a este «tirano error de los hombres», el honor del hombre noble —heredado de sus antepasados pero también, como obligación derivada de tal herencia, adquirido y perfeccionado por sus acciones— es así siempre vulnerable, siempre está expuesto a «lo fácil de una voz», al «frágil soplo» de las malas lenguas que buscan su destrucción. He aquí el verdadero problema que examinan estas obras.

Ahora bien, las malas lenguas no suelen ser las de los otros caballeros, al menos no de aquellos que son dignos de llamarse así. Los responsables de la deshonra pública son siempre aquellos cuyas acciones carecen de nobleza. Son el «vulgo». Doña Mencía, en *El médico de su honra*, teme «que mi opinión en voz del vulgo ande» (v. 2390); y el personaje correspondiente del otro *Médico de su honra*, doña Mayor, expresa el mismo temor en el mismo momento de la acción dramática (vv. 1910-12):

> pues con lenguas crüeles y feroces
> ya se escuchan las voces
> de aqueste vulgo fiero

También Tirso pone en boca de su protagonista en *El celoso prudente* una alusión a las lenguas del vulgo:

> El celoso como yo
> calle y averigüe cuerdo
> sospechas [...],
> y si fueren verdad, cobre
> satisfacción con secreto;
> que la pública da causas
> *al vulgo, siempre parlero*.

De manera similar, la previsible actitud del vulgo es lo que hace a don Lope de Almeida reconocer la inoportunidad de una venganza pública (vv. 2148-2152):

> después de haber vengado
> mis ofensas atrevido,
> el vulgo dirá engañado:
> «Este es aquel ofendido»,
> y no «aquel desagraviado»

En algunas lecturas de *A secreto agravio, secreta venganza*, se insiste en que ni el agravio ni la venganza son secretos, pues hay al menos dos personajes que están al tanto; lo cual arrojaría una luz irónica sobre los razonamientos y acciones de don Lope. Pero lo importante no es si están al tanto o no el Rey y don Juan, puesto que ellos no divulgarán la deshonra de don Lope; lo importante es que no llegue a entenderlo el vulgo maldiciente, y que tenga por infortunio las dos muertes que realmente han constituido una venganza. En este verdadero sentido, la venganza es realmente secreta[33], y castigarla hubiera significado publicar el agravio y entregar a don Lope a la malicia del vulgo. A la solución de don Gutierre en *El médico de su honra* subyace la misma convicción de que «agravio que es oculto / oculta venganza pide» (vv. 2313-2314); también en esa comedia se entera el Rey de los hechos; y considera que lo prudente es callarlos («Aquí / la prudencia es de importancia: / mucho en reportarme haré», vv. 2872-2874).

Al final de *A secreto agravio, secreta venganza,* lo único que le queda a don Lope de Almeida es el honor: el suyo y el de todo su linaje. Y si muere en Alcazarquivir, como es previsible, ese honor pasará a las «lenguas de la fama». Castigarle el Rey hubiera equivalido a quitarle lo único que le queda, publicando una deshonra que, como se recuerda con tal insistencia en estos dramas, no procede de sus propias acciones sino de las de los demás. Hubiera sido dar el triunfo al vulgo ávido de ver mancharse las reputaciones más lustrosas. Algo similar se podría decir sobre don Gutierre de Solís y don Juan Roca. Para un público de hoy, es mucho más fácil sentir simpatía y compa-

---

[33] No creo que las referencias al «murmurar» de la gente en los vv. 1792 y 1855, poco llamativas, basten para justificar una lectura irónica del carácter secreto de la venganza; parecen ser introducidas más bien por la necesidad de motivar la conversación entre don Juan y don Lope.

sión para con sus víctimas; pero sin duda estos hombres fueron diseñados para despertar los mismos sentimientos.

Si fue la intención de Calderón transmitir algún mensaje en torno al honor y la venganza, habrá sido el que expresan sus protagonistas masculinos al denunciar esa «injusta ley traidora», ese «tirano error de los hombres» que deposita su honor en manos del vulgo y les obliga a ser «cómplice al mal y no al bien» si no quieren quedar deshonrados. Sin embargo, afortunadamente, no parece lícito leer los dramas de uxoricidio simplemente como artefactos diseñados principalmente para encarnar y transmitir tal mensaje. Digo que afortunadamente, pues el teatro didáctico-moralizante no deja de ser, incluso en sus representantes más célebres —uno piensa irremediablemente en Moratín—, insatisfactorio como arte dramático. Un examen atento del texto de *A secreto agravio, secreta venganza* sugiere que lo que más presente tenía su autor al componerlo no fue su dimensión moral, sino la fuerza y coherencia dramáticas. Puso especial cuidado en concatenar los hechos de forma eficaz y convincente. Los hechos son acciones humanas, y su concatenación depende, pues, de decisiones humanas; y las decisiones humanas se explican por motivos humanos. Examinemos, pues, los motivos que empujan a los personajes de este drama a hacer lo que hacen.

Los personajes y sus motivos

Don Lope

La primera decisión que toma don Lope de Almeida, ya antes de empezar la acción dramática propiamente dicha, es la de casarse, y más concretamente, de casarse con doña Leonor de Mendoza. ¿Por qué se casa don Lope? Tal vez por un anhelo de «colgar las armas» (v. 8) después de muchos años ejercitándolas al servicio de su rey[34], aunque lo cierto es que

---

[34] Debe de haber una diferencia de edad importante entre los desposados, pero a diferencia de su admirado Cervantes *(El viejo celoso, El celoso extremeño)*, Calderón no insiste en ello en ningún momento. El papel de don

la vista de los caballeros preparándose para la expedición a África bastará para despertar de nuevo en él el afán de gloria militar (vv. 954-977). Tal vez, simplemente, el deseo de casarse y engendrar un heredero es lo suficientemente común para no precisar más justificaciones. De todos modos, don Lope está enamorado. Leonor es su «amada esposa» (v. 14) y la considera la mujer «más bella [...], / más noble, más rica, / más virtuosa y más cuerda» imaginable. Su impaciencia por la llegada de su esposa es palpable y su euforia es impermeable tanto a las bromas antinupciales de su criado Manrique como a las tristes nuevas que le trae su amigo don Juan (vv. 306-315). Y eso que no ha visto nunca a doña Leonor. La ama únicamente por su «fama», es decir, por lo que le han dicho de ella, como explica en su soneto de bienvenida (vv. 748-761). Tal enamoramiento de oídas no es nada extraño en la literatura de la época, aunque suele haber al menos un retrato de por medio. Este amor «por fe» (v. 750) solo crecerá al ver a doña Leonor y descubrir que es «vista mejor que imaginada» (v. 755).

La segunda decisión que toma don Lope es en buena medida independiente del triángulo amoroso que constituye el núcleo de la acción. Es su decisión de acompañar al Rey en la campaña militar en África (vv. 970-977). Sirve de ilustración de su ejemplaridad como caballero al servicio de su rey, pero por lo demás, solo es importante en la medida en que influirá, directa o indirectamente, en otras decisiones, y no tiene por qué ocuparnos aquí.

Su siguiente decisión es la de

> proceder
> callado, cuerdo y prudente,
> advertido, cuidadoso,
> solícito y asistente,
> hasta tocar la ocasión
> de mi vida y de mi muerte (vv. 1174-1179).

Lope lo hacía sin duda el primer galán, mientras el «barba» hacía de don Bernardino.

Esta decisión concluye un espléndido soliloquio en el que sopesa diversos indicios de infidelidad marital de Leonor que han llegado a su atención. Se ha fijado, en primer lugar, en un desconocido caballero castellano —don Luis— que siempre está merodeando en la proximidad de su esposa (vv. 1099-1107). A esto se añade otro dato que se esfuerza por interpretar correctamente: el que su esposa le aconseje acompañar al Rey en su cruzada africana, mientras su mejor amigo y compañero de armas le aconseja, al contrario, que se quede en casa; pareciéndole más razonable que «mudados viniesen / de mi amigo y de mi esposa / consejos y pareceres» (vv. 1121-1123). No se le ha escapado, además, un detalle desasosegante: que Leonor, contra lo esperable, le diera su consejo de marcharse a la guerra «con un semblante alegre» (v. 1111). Reconociendo, no obstante, la posibilidad de explicaciones satisfactorias de los hechos, se limita, de momento, a su cautelosa decisión de callar y observar.

No está del todo claro en qué momento decide don Lope matar a los amantes. Los versos finales de la jornada segunda, donde se refiere a sí mismo como «el que de vengarse trata» (v. 1762) parecen dar a entender que ya ha tomado esa decisión, pero si es así, entra en contradicción con el verso 1661 («que verdad puede ser todo»). Se pronuncia con más claridad y firmeza en los versos 1916-1924, pero no parece realmente dispuesto a pasar a la acción hasta un poco más tarde, al encontrarse con aún otro indicio más de su deshonra.

Cabe suponer que su decisión toma cuerpo gradualmente en tres situaciones sucesivas que le proporcionan sendos indicios de lo que está sucediendo. La primera la marca la presencia de don Luis en su casa, escondido. Don Luis se justifica inventándose un lance caballeresco —otro más: el género lo exige así—, y don Luis finge creerle, aferrándose a la remota posibilidad de que sea cierta la explicación. Aun siendo una situación convencional, repetida infinitas veces en las comedias de la época, Calderón consigue cargarla de tensión dramática: todos los presentes saben, o al menos sospechan, el verdadero motivo de la presencia de don Luis en la casa, pero el respeto al honor de don Lope no permite que se diga de forma explícita, por lo que se encadenan las indirectas y dobles sentidos, como en las amenazas veladas a don Luis (vv. 1699-1712) o en el espléndido intercambio entre don Lope y doña Leonor, en el que esta traiciona su conciencia culpable al ver a su marido acercarse con la espada en la mano (vv. 1725-1745).

Si al finalizar la jornada segunda don Lope ya está convencido de la amenaza que pende sobre su matrimonio, en la siguiente situación que se produce, ya en la jornada última, comprende que también su amigo está al tanto. Don Juan, que en efecto ya ha escuchado rumores sobre la supuesta infidelidad de Leonor, duda sobre su deber: contárselo a don Lope o callárselo. De nuevo se elude hablar de manera explícita del asunto. Don Juan consulta la cuestión con su amigo como si se tratara de un problema de un tercero. Don Lope, desde luego, entiende que se trata de su propia deshonra, y ya anuncia en su soliloquio una venganza pública:

> Pues el que supo mi afrenta
> sabrá la venganza mía,
> y el mundo la ha de saber (vv. 1913-1915)

Finalmente, llega a entender —acaso erróneamente— que el mismísimo Rey está al tanto, cuando este rechaza su oferta de acompañarle a África, por recién casado, añadiendo «que en vuestra casa [...] / podréis hacer, don Lope, mayor falta» (vv. 1963-1964); palabras pronunciadas (¿significativamente?) en tono «grave y severo», como no se le escapa a don Lope (v. 1980). En lo que es su segundo gran soliloquio de la obra, insiste aún más en la publicidad de la venganza que tomará:

> La más pública venganza
> será que el mundo haya visto:
> sabrá el Rey, sabrá don Juan,
> sabrá el mundo, y aun los siglos
> futuros, ¡cielos!, quién es
> un portugués ofendido (vv. 2055-2060).

¿Por qué decide don Lope matar a su esposa y a don Luis? No por vengar un supuesto adulterio: en dos ocasiones afirma, con razón, que este no se ha producido todavía

(vv. 1919-1920 y 2551). El problema no es de adulterio —con lo cual no es realmente relevante si Leonor es «culpable» o no—, sino de deshonra; y lo que le han enseñado la presencia de don Luis en su casa, la consulta de don Juan y las palabras del Rey es que ya se están abriendo grietas en su honor, por lo que urge actuar. Y la única forma de atajar el problema —al menos, dentro de las convenciones del género: la forma dramáticamente más interesante— es matando a los amantes.

Una clave para su decisión se encuentra en un momento anterior de la comedia, concretamente, en sus comentarios sobre las adversidades de don Juan en la jornada primera. Reconociendo que nadie es inmune a «las inclemencias / del tiempo y de la fortuna», ni al «veneno de una lengua», había concluido que

> Solo dichoso
> puede llamarse el que deja,
> como vos, limpio su honor
> y castigada su ofensa (vv. 290-293).

No está del todo claro si estas palabras expresan un aprendizaje que le proporcionan los sucesos narrados por don Juan, o una simple confirmación de convicciones previas; lo importante es que formula en ellas ya una de las premisas que más tarde serán determinantes en su modo de actuar.

En el desenlace de la obra, don Lope aplicará este principio junto con otro que también aprende de las experiencias de don Juan: la necesidad de disimular la venganza. Precisamente en el mismo instante en que don Lope anuncia su intención de tomar «la más pública venganza que el mundo haya visto», sale don Juan para proporcionarle, involuntariamente, esta lección. Sus últimas desgracias, que relata a su amigo, le han revelado que, a pesar de haberse vengado de su ofensor en Goa, la gente murmura de él y le tilda de «desmentido»; por lo que concluye

> que mil veces,
> por vengarse uno atrevido,
> por satisfacerse honrado,

> publicó su agravio mismo,
> porque dijo la venganza
> lo que la ofensa no dijo (vv. 2135-2140).

Estas palabras, repetidas y ponderadas por don Lope, le hacen cambiar radicalmente de parecer: en vez de «la más pública venganza», acometerá la más secreta posible.

Lo demás no es sino la aplicación de estos principios; es la conversión de intenciones en actuaciones. Apuñala a don Luis, disfrazando el asesinato de un terrible accidente en un barco; y apuñala también a doña Leonor, para después prender fuego a su casa y fingir que ella ha muerto en el incendio. La necesidad de mantener secreto el agravio disimulando la venganza explica el fingimiento sistemático que impregna sus declaraciones finales ante los demás (vv. 2447-2520 y 2688-2716: inútil preguntarse hasta qué punto es fingido el dolor que aparenta sentir por la muerte de su esposa).

Algo más hay que decir en explicación de las acciones de don Lope, o el menos, en explicación del rigor con que procede. Don Lope de Almeida es portugués[35]. Calderón pone en boca de diversos personajes comentarios al respecto. El castellano don Luis le atribuye una «portuguesa arrogancia» (v. 1716). Doña Leonor, también castellana, se muestra especialmente preocupada por la presencia de don Luis en su calle porque «no sufre Portugal / galanteos de Castilla» (vv. 880-881). El propio don Lope atribuye a los portugueses un carácter particularmente apasionado («los portugueses / al sentimiento dejamos / la razón», vv. 925-927), y al anunciar su venganza, la relaciona con su región de nacimiento («sabrá el mundo [...] quién es / un portugués ofendido», vv. 2058-2060). Lo que fácilmente escapará a un público de hoy, pero que sin duda tenía cierto peso para el de la época, es un tópico muy repetido en la comedia nueva en general, que atribuía, por convención o por convicción, determinadas características a los portugueses.

Los estereotipos nacionales habían encontrado una vía importante de divulgación precisamente en los tratados de poé-

---

[35] Ya Wilson («The discretion...», págs. 17-19) señaló la importancia de este hecho.

tica. Elaborando unas afirmaciones de Aristóteles en su *Poética* y su *Retórica*, y sobre todo de Horacio en su *Arte poética*, preceptistas renacentistas como Trissino, Escalígero o Minturno habían vinculado, en aras de la verosimilitud de la acción, la caracterización de personajes con tipologías generales. Así, acciones viriles exigirían personajes varones, y acciones mujeriles, personajes femeninos; la sabiduría serena sería atributo de los ancianos y las acciones intrépidas presupondrían personajes jóvenes; y de la misma manera, se atribuían determinadas acciones a determinadas nacionalidades[36]. Los tratadistas italianos no incluyeron a los portugueses en sus inventarios de estereotipos nacionales; pero Cascales, al traducir libremente el de Minturno, añade una subdivisión de los «españoles» que caracteriza a los portugueses como «amantes, derretidos, altaneros y *a par de Deus*»[37]. El estereotipo del portugués amante no es invención caprichosa de Cascales: aparece a menudo en la comedia nueva. Lope, por ejemplo, incluyó en *La mayor virtud de un rey* el siguiente diálogo (pág. 626b):

[Doña Sol].   Andá, que sois portugués,
              y amáis por naturaleza.
D. Juan.   Huélgome que así me honréis,
              que quien portugués no fuera,
              ni os amara, ni entendiera
              lo mucho que merecéis

La misma idea subyace a afirmaciones como «dicen que Amor / es tan propio portugués» (*El más galán portugués Duque de Berganza* I, 100), «parece portugués / en lo tierno y lo discreto» *(El guante de doña Blanca* I, 59), o directamente, «es Amor portugués» *(La venganza venturosa*, pág. 197b). Tirso de Molina atribuye la misma nacionalidad al niño Amor en *Antona García* («Bien parece / que es Amor portugués», vv. 597-598),

---

[36] Véase Coenen, «Poética y carácter nacional...».
[37] Cascales, *Tablas poéticas*, pág. 220. «Derretidos» significa casi lo mismo que «enamorados»: 'derretirse de amor, es de los que hacen de los muy enamorados' *(Cov.)*.

en *Por el sótano y el torno* («Amor nació en Portugal», v. 2977), en *La lealtad contra la envidia* («Hay quien afirma, y no mal, / que Amor nació en Portugal», vv. 634-635) y también en *Doña Beatriz de Silva* («Ya, Amor, pues ella se ausenta, / no os llaméis más portugués», vv. 630-631); y en *Siempre ayuda la verdad*, el personaje de Roberto reconoce que «fuera error / tener en cosas de amor / competidor portugués» (vv. 844-846). Calderón no se quedó atrás. En *La banda y la flor*, la capacidad amorosa de Enrique, quien se ve obligado a fingirse enamorado de dos mujeres, y que lo está de una tercera, es ponderada así: «En toda mi vida he visto / florentín más portugués» (pág. 445a), quedando «portugués» ya como sinónimo de «amante», lo cual atestigua que el estereotipo era lo suficientemente familiar para no precisar más explicaciones. En *Luis Pérez el gallego*, Manuel Méndez llega a afirmar (pág. 283b):

> no tengo que encarecer
> de mi pasión los extremos:
> *soy portugués, esto baste,*
> pues todo lo digo en esto.

Finalmente, en *Enseñarse a ser buen rey* —comedia de autoría incierta, pero atribuida a Calderón en todos los testimonios textuales conservados—, Gonzalo dice a Elvira que «siendo portuguesa / has de ser tierna de entrañas» (folio A1v).

Los celos son siempre en la comedia nueva la otra cara del amor, y la propensión a ellos resulta ser proporcional a la capacidad amatoria atribuida a los portugueses. Es Tirso quien más insiste en ello. «Del modo que amor / son los celos portugueses», afirma un personaje de *El amor médico* (vv. 2785-2786). También en *Doña Beatriz de Silva* consta que «son portugueses los celos», y la Reina Isabel destaca la ferocidad de los suyos al recordar que «soy mujer celosa y portuguesa» (v. 1653). En *Averígüelo Vargas* (vv. 335-340) se produce el siguiente diálogo:

> ALFONSO.   Los amorosos desvelos
> de sospechas semejantes
> en Portugal crecen antes
> que en otra parte.

>   PEDRO.   Es ansí,
>   que todos nacen aquí
>   tan celosos como amantes.

Con tales antecedentes, el público de Calderón no necesitaba más afirmaciones de los propios personajes para entender al protagonista como un hombre especialmente dado no solo al amor, sino también a los celos.

Don Luis

Los motivos de don Luis no presentan grandes problemas. Al no estar casado, sus acciones no ponen a riesgo su honor. Sabemos que ha tenido la intención de casarse con doña Leonor (v. 1443), pero ese camino se le ha cerrado por su casamiento con don Lope. A partir de ese momento, su única pretensión es gozar a Leonor, como declara en los versos finales de la jornada primera («he de amar a Leonor / aunque me cueste la vida», vv. 836-837). Alberga cierta «loca esperanza» (v. 828) de alcanzar este fin, fundada en las disculpas ofrecidas por Leonor (vv. 802-807).

Su declaración de intenciones —que, al producirse en un momento tan remarcado como es el cierre de una jornada, difícilmente puede escapar a la atención del público— ayuda a entender sus acciones posteriores, realizadas bajo pretextos falsos. Por supuesto, necesita entrar en contacto con Leonor, y es sin duda con ese fin que se pasa el día rondando su calle y los otros lugares que frecuenta, como sabemos tanto por ella como por don Lope (vv. 879, 892 y 1099-1107). La misma finalidad explica por qué, al pedirle Leonor, a través de Sirena, que se vuelva a Castilla, insiste en la necesidad de entrevistarse con ella antes; y explica también por qué le pide, como condición de su partida, que declare quererle todavía (v. 1342), sometiéndola a una terrible presión emocional, procurando provocarle la declaración que a ella más le conviene evitar.

Cuando se produce la entrevista —supuestamente «a trueque de que se vaya» don Luis (v. 1363)—, la inoportuna llegada de don Lope impide que tenga la solicitada «ocasión de quejarme» (v. 1479), y Leonor le ofrece una nueva «ocasión [...] para acabar de quejarte» (v. 1493). Esta ocasión se la proporciona ella, por medio de una carta, aunque insistiendo en que la única finalidad de la nueva entrevista es «que acabemos, vos de quejaros, y yo de disculparme» (v. 2197+). Por si acaso hubiera alguna duda, don Luis, que no sospecha que está a punto de morir, repite en sus apartes que su propio fin es «atreverse al honor» de don Lope (v. 2291), es decir, conseguir seducir a doña Leonor.

Leonor

Como don Lope, y como los galanes y damas en general del teatro barroco, doña Leonor procura obedecer a los imperativos del honor. Esto significa vencer a sus sentimientos más intensos, expresados por ella ya en su primera salida al escenario. Se casa «sin gusto, sin ser, sin alma» (v. 493), al parecer por «persuasiones de muchos» (vv. 1465-1460), sin poder olvidar al prometido que cree muerto; pero sacrifica sus sentimientos a su honor:

> Hasta las aras, amor,
> te acompañé; aquí te quedas,
> porque atreverte no puedas
> a las aras del honor (vv. 510-513).

Reflejando su situación jurídica y las normas sociales vigentes en la época, las mujeres en el teatro barroco gozan de una libertad limitada, pues caen bajo la responsabilidad del padre hasta contraer matrimonio y bajo la de su marido después. Solo aquellas cuya situación se escapa de este modelo —como la de Rosaura en *La vida es sueño*— gozan de verdadera libertad de acción (aunque hay que matizar que no es infrecuente encontrar, por ejemplo, en las comedias de enredo, a padres aquejados por los achaques de la vejez, cuya vigilancia sobre sus hijas es fácil de burlar). El honor de Leonor soltera repercute en el de su padre; casada, en el de su marido. De ahí que, después de descubrir que don Luis está vivo y la corteja de nuevo, insista en que «mi vida y mi honor / ya no es mía: es de mi esposo» (vv. 868-869), por lo que exige a don Luis, a través de su criada Sirena, que deje de tentarla y se vaya de Portugal.

En ese momento de la obra, Leonor está decidida («ya vuelvo determinada», v. 865) a poner su honor por encima de su amor; pero la carne es débil, y se libra en ella una notable lucha entre su sentido del deber y sus impulsos sentimentales o sexuales. Hay que insistir en que la conservación de su honor y el temor a las consecuencias de sus acciones son los únicos motivos de doña Leonor para rechazar a don Luis. Ni ella ni ningún otro personaje se refiere nunca al carácter sacramental del matrimonio católico, ni al carácter pecaminoso del adulterio que implica. Estamos ante una literatura mundana, sobre un problema mundano, y brilla por su ausencia la dimensión trascendental que el cristianismo atribuye a la vida humana (nadie parece preocuparse tampoco por el destino de las almas de los dos asesinados)[38]. Los motivos de Leonor se reducen a no querer ser «malcasada» y temer por su vida; y son motivos, para ella, harto difíciles de obedecer:

> que con lágrimas bañada
> vuelvo a pedirle se vuelva
> a Castilla y se resuelva
> a no hacerme malcasada;
> porque, fiera y ofendida,
> si no lo hace, ¡vive Dios!,
> que podrá ser que a los dos
> nos venga a costar la vida (vv. 882-888).

Todo cambia cuando don Lope le pide su parecer sobre su intención de acompañar al Rey en la expedición militar. De repente a Leonor se le abre un insospechado horizonte de esperanza, y busca de improviso la forma de fortalecer a don Lope en su propósito a la vez que finge sentir que se vaya. Su

---

[38] Coincido en esto plenamente con las observaciones de Edward Wilson al respecto («The discretion...», pág. 34).

sutil respuesta (vv. 978-1005) constituye un maravilloso reto a la actriz para representar a una mujer que, por un lado, se esfuerza por mantener la compostura, y por otro, delata sutilmente por sus gestos o su entonación el efecto producido por las palabras de don Lope y que intenta disimular[39].

A partir de este momento se tambalea la voluntad de Leonor. Ante su criada procura mantener el decoro (vv. 1299-1329), pero es evidente que la esperanza despertada por la proyectada ausencia de su marido ha desatado en ella deseos que apenas es capaz de controlar. Don Luis, además, no se lo pone fácil, ya que la presiona para que reconozca todavía quererle (vv. 1331-1344), mientras Sirena se encarga de calmar sus temores, facilitando una entrevista de la que, supuestamente, nadie se enterará. Calderón organiza la situación de tal forma que permite evitar al máximo que Leonor tenga que tomar iniciativas, dejándose empujar suavemente hacia el peligroso encuentro:

> Tan fácilmente lo dices
> que no le dejas qué hacer
> al temor, ni aun al honor
> qué dudar ni qué temer.
> Ve ya por don Luis (vv. 1381-1385).

Con todo, ella sigue luchando contra sus pasiones. Antes de llegar don Luis se promete firmemente vencerlas (vv. 1385-1394). Tanto antes como durante la entrevista, su actitud es, cuando menos, ambigua, dejando traslucir sentimientos contradictorios: diga lo que diga, nunca está claro, tal vez ni siquiera para ella misma, si lo que desea conseguir es que don Luis se vaya o que se quede (vv. 1353-1364 y 1410-1411). La entrevista se interrumpe justo en el momento en que don Luis acaba de ensayar un chantaje emocional extremo, anunciando su propósito de buscar la muerte en Flandes si ella le

---

[39] Paterson («Calderón's *Secreto agravio...*») ha llamado la atención sobre las extraordinarias posibilidades que ofrece este drama a los actores. Aun sin compartir todas las interpretaciones de Paterson, aconsejo al estudioso de esta comedia la lectura del citado artículo, que contiene muchas observaciones muy agudas.

rechaza. Imposible determinar con seguridad si es el impacto de este anuncio, o bien una manifestación de deseos invencibles, o bien la incapacidad de despedirse de forma apresurada para siempre, lo que hace a Leonor decirle:

> Podrás irte; no a Castilla,
> que ocasión habrá otra vez
> para acabar de quejarte.

Cuando interviene de nuevo en la acción, en la jornada tercera, su suerte está ya echada: sabemos que, mientras ella se desahoga con Sirena (vv. 2374-2415), su marido ya está matando a don Luis; de modo que, para el futuro desarrollo de la acción, las actitudes y decisiones de Leonor ya son irrelevantes. Es precisamente este el momento que ha elegido Calderón para hacerla sucumbir, al parecer, definitivamente. Afirma que su valor ha salido fortalecido del susto sufrido al descubrir don Lope la presencia de don Luis en su casa, «pues si escaparme puedo / de lance tan forzoso, la osadía / ya sin freno me alienta» (vv. 2388-2390); y que las atenciones que don Lope le da, en vez de despertar su amor, mitigan sus temores (vv. 2392-2410). Con estos motivos, anuncia su intención de gozar a don Luis: «tenga fin mi amor, y el gusto tenga» (v. 2415).

Cabe preguntarse por qué Calderón optó por hacer sucumbir a la protagonista, no pudiendo ella ya influir en la concatenación de los hechos. Calderón demostró en *El médico de su honra* y *El pintor de su deshonra* no considerar necesaria la culpabilidad de la mujer para terminar la obra en uxoricidio. Acaso le pareció la conclusión natural del gradual proceso de socavación de las resistencias de doña Leonor; o acaso necesitaba justificar mejor la nueva invitación a don Luis, que le da a este el motivo para buscar un barco, que a su vez será el instrumento para su muerte.

Los otros personajes

Los demás personajes tienen un papel básicamente subordinado a la acción principal, por lo que no tiene mucho sentido preguntarse por sus motivos. Calderón, al escribir esta comedia, no se interesa por los motivos del rey Sebastián por emprender su aventura africana[40]. El proyecto militar del Rey está presente en la obra en la medida en que contribuye al engranaje dramático. Así, es el deseo de don Lope de participar en él lo que le hace pedir el parecer de Leonor, y es a su vez el consejo que le da ella lo que despierta sus recelos; y es la respuesta del Rey a su petición de participar lo que los confirma definitivamente. La lírica escena entre el Rey y el duque de Berganza (vv. 2602-2641) puede parecer a primera vista ajena a la acción central, pero tiene su razón de ser en la necesidad de cubrir el intervalo entre los dos asesinatos y hacer que estén presentes los que tienen que estarlo.

La función accesoria de los demás personajes queda sobre todo patente en la figura de don Juan. Como don Lope, vive una serie de sucesos que percibe como deshonrantes, pero estos episodios solo figuran en la comedia en función de su influencia en las decisiones de don Lope. Prueba de ello es el hecho de que no son representados sobre el escenario. Nos enteramos de su afrenta en Goa —origen de sus desdichas y motivo de su presencia en casa de don Lope— por su narración del suceso; y del mismo modo nos enteramos de su nueva afrenta (vv. 2071-2140), que proporcionará una lección crucial a don Lope. Fácilmente se nos puede escapar el hecho de que la deshonra de don Juan causa tantas víctimas mortales como la de don Lope (vv. 229 y 2066), pues estas muertes son irrelevantes para la acción dramática. Los sucesos de don Juan existen por lo que enseñan a don Lope, y nada más.

Con toda probabilidad, a Calderón le fue sugerido el papel de don Juan en la acción por una escena de *El celoso prudente* de Tirso. En dicha escena, el protagonista don Sancho expresa sus dudas sobre si vengar en público o en secreto su afrenta, cuando aparece su criado Orelio para contarle la anécdota de un sastre que, habiendo sido azotado por un delito que no cometió, denunció al juez y fue restituido en

---

[40] Sobre la representación del Rey, véase el admirable artículo de Watson («Calderón's King Sebastian...»), cuyas interpretaciones son, a mi juicio, mucho más sólidas que las de Fox *(Kings in Calderón...*, págs. 37-49).

su honor; pero precisamente por esto acabó adquiriendo el renombre de «el azotado». Es patente la analogía con el suceso narrado por el don Juan de Calderón en primera persona (vv. 2071-2140), que culmina en el haberse quedado como «aquel desmentido» y no como «aquel satisfecho» (vv. 2126-2127). A diferencia de Tirso, cuyo sastre no interviene en *El celoso prudente*, Calderón optó por incluir al protagonista del *exemplum* crucial como personaje de la comedia. Esto le permite darle más entidad, pero también, aprovechar su presencia en el mundo dramático de la comedia para otros fines, a saber, su consejo sobre la participación de don Lope en la expedición militar a África (vv. 1013-1031), y su consulta al principio de la jornada tercera (vv. 1765-1908), que tienen ambos el efecto de acrecentar las sospechas de don Lope.

En cuanto a los criados, tampoco parece muy útil examinar sus motivos. Intervenciones como la de Sirena para facilitarle la entrada a la casa a don Luis son habituales en las comedias, y aunque a veces vemos un criado o criada recibir algún tipo de pago por tales servicios, son tan frecuentes en el mundo de la comedia nueva que a menudo, como en esta obra, resulta innecesario dar un motivo explícito que los justifique. Tampoco están muy claros los motivos de Manrique y Sirena en su flirteo, que se entiende mejor en términos de un grotesco comentario irónico a la acción principal. Su amor, si así puede llamarse, parodia las convenciones caballerescas del amor cortesano (o «amor cortés»). La cinta verde que Manrique le pide en prenda de su favor, recuerda y parodia no solo una convención amorosa ya parodiada en *La Celestina*, sino también el diamante ofrecido por doña Leonor a don Luis (vv. 618-621), así como la esmeralda cuyo simbólico color es ponderado lo mismo que el de la cinta (vv. 658-669 y 2320-2325). Aquí como en otras muchas comedias, los amores de los criados son como un espejo deformante de los de sus señores; como dice el gracioso de *El astrólogo fingido:* «un criado siempre fue / en la tabla del amor / contrapeso del señor» (vv. 455-457).

La acción de los criados abarca tres escenas y es sumamente elemental (vv. 838-864, 1182-1298 y 2302-2369). En la primera (vv. 836-862), Manrique consigue que Sirena le dé una cinta suya. En la segunda (vv. 1182-1298), la corteja de nuevo, creyendo que es otra mujer, puesto que va «tapada», y le enseña la cinta verde y otras prendas recibidas de otras tantas mujeres; Sirena se queda con la cinta. En su último encuentro (vv. 2302-2369) Manrique le lee un soneto dedicado a su cinta, aduce haberla perdido y Sirena se la enseña, dándole a entender así que fue ella la «tapada». Si esta secuencia puede ser considerada un reflejo de la acción principal, es a la manera de Valle-Inclán, poniéndole un espejo deformador delante. Es la mujer quien se siente engañada, y es ella quien anuncia su venganza; sus palabras al respecto —«notable será agora / la venganza»— reverberan en la acción de las escenas posteriores. Fuese cual fuese la intención de Calderón al insertar esta acción de carácter más bien entremesil, parece innegable su efecto de quitar seriedad a la obra, de rebajar la tensión dramática, como para sabotear cualquier intento de sentir que estamos ante una tragedia en sentido estricto, o para recordarnos que estamos ante una ficción, ante un juego teatral que no debe ser tomado demasiado al pie de la letra. No confundamos la literatura con la vida: el apuñalado y ahogado don Luis y la apuñalada e incendiada Leonor se levantarán en seguida para recibir sanos y salvos los aplausos del público, junto a su asesino don Lope.

Versos de fuego y agua: el lenguaje de la comedia

Del lenguaje poético de la comedia, merecen ser estudiados aquí aquellos elementos que trascienden tal o cual pasaje para convertirse en elementos estructurales. Entre ellos, hay que destacar las alusiones a los cuatro elementos.

La doctrina de los cuatro elementos ejerció siempre una poderosa influencia sobre la imaginación poética de Calderón, influencia que se manifiesta en innumerables pasajes de sus comedias. Elaboró todo un sistema retórico basado en ellos, que ha sido estudiado muy bien por Wilson[41]. En *A secreto agravio, secreta venganza* estamos ante un uso ligeramente diferente, en el que los elementos forman parte de la sustancia

---

[41] Véase Wilson, «The four elements...».

misma del argumento, y en el que su presencia en el lenguaje de la obra es de índole más bien poética que retórica.

La primera mención en la comedia de los contrapuestos elementos fuego y agua se produce ya en la escena inicial cuando, al quedarse solos don Lope y Manrique, el caballero portugués afirma exaltado que las «olas» que «navega» amor no son de agua, sino de fuego. Pero en los mismos versos está también presente otro de los elementos, el aire, evocado —de acuerdo con el sistema asociativo expuesto por Wilson— por la noción de volar, por las referencias al viento, y por la alusión a las «alas» del niño Amor. El único elemento que falta es el que don Lope llamará más tarde la «patria dulce del hombre» (vv. 2445-2446), la tierra:

> [DON LOPE]. ¡Felice yo si pudiera
> *volar* hoy!
> MANRIQUE. Al *viento* igualas.
> DON LOPE. Poco aprovecha, que el *viento*
> es perezoso elemento.
> ¡Diérame el amor sus *alas!*
> *Volara* abrasado y ciego,
> pues quien al *viento* se entrega
> *olas* de *viento navega,*
> y las de amor son de *fuego* (vv. 25-33).

Acaso no sea ilícito ver en este intercambio una discreta premonición de la catástrofe que está por venir. La asociación entre la navegación y el peligro estuvo siempre muy presente en la literatura, como por supuesto lo estaba en el mundo real: esa misma costa Atlántica donde se sitúa esta comedia engendró no pocas cantigas medievales que lo atestiguan. Navegar olas ya no del mar, sino de fuego, es embarcarse en una aventura sumamente arriesgada.

Don Lope insiste en la misma imagen en su conversación con don Juan:

> que hoy en Lisboa ha de entrar
> mi esposa, y estas tres leguas
> de mar —*para mí de fuego*—
> hemos de venir con ella (vv. 364-367).

> ¡Suspiros,
> ofreced viento a las velas,
> si es que *en los mares de fuego*
> *bajeles de amor navegan!* (vv. 378-381).

Nótese cómo en esta segunda cita se reúnen otra vez los tres elementos fuego, agua («mares») y aire («viento»), y solo falta la alusión a la tierra para completar la serie. Lo mismo sucede en el primer desahogo emocional de doña Leonor:

> Pues salga mi pena, ¡ay Dios!,
> de mi vida y de mi pecho;
> salga en *lágrimas* deshecho
> el dolor que me provoca
> el *fuego* que al alma toca,
> remitiendo sus enojos
> en *lágrimas* a los ojos
> y en *suspiros* a la boca;
> y sin paz y sin sosiego,
> todo lo *abrasen* veloces,
> pues son de fuego mis voces
> y mis *lágrimas* de *fuego*.
> *Abrasen*, cuando navego
> tanto *mar* y *viento* tanto,
> mi vida y mi *fuego* cuanto
> consume el *fuego* violento,
> pues mi voz es *fuego* y *viento,*
> mis *lágrimas fuego* y llanto (vv. 426-443).

No solo es que se reúnan también aquí de nuevo el aire —en los suspiros—, el agua —en las lágrimas, mencionadas hasta cuatro veces— y sobre todo el fuego —en la pasión amorosa que inunda el vocabulario: «abrasen», dos veces, y «fuego», siete—, sin que se aluda a la tierra; sino que se repite también la imagen del peligroso «navegar» sobre un «mar» de llamas. Agua y fuego se mezclan, en suma, insistentemente en los discursos de los dos novios que están a punto de conocerse por primera vez.

Hay más alusiones metafóricas a los elementos, especialmente al fuego, esparcidas por el texto (vv. 477, 1933 y otro en una variante del manuscrito, no incluida en esta edición)[42], pero su reaparición principal no se produce hasta el momento, muy avanzada la tercera jornada, en el que don Luis pronuncia las fatales palabras: «Leonor [...] ha de morir», y anuncia que fiará sólo a los cuatro elementos el secreto de su asesinato y de su causa:

> Allí al *agua* y *viento* entrego
> la media venganza mía,
> y aquí la otra media fía
> mi dolor de *tierra* y *fuego;*
> [...]
> Así el *mar* las manchas lava
> de la gran desdicha mía:
> el *viento* la lleva luego
> donde no se sepa de ella,
> la *tierra* arde por no vella,
> y cenizas la hace el *fuego,*
> porque así el mortal aliento
> que a turbar el sol se atreve,
> consuma, arda, lave y lleve
> *tierra, agua, fuego y viento* (vv. 2570-2601).

El esquema retórico básico que recogen los versos iniciales de esta cita («Allí agua y viento — aquí tierra y fuego») no es nuevo en Calderón; ya en *La selva confusa* dice Fadrique:

> *Allí* me dieron desmayos
> *agua y viento* contra mí,
> y entre *tierra y fuego aquí*
> me anego bebiendo rayos (fol. 19r.).

En otros muchos pasajes de su obra, es patente la tendencia de Calderón a conectar, mediante el lenguaje figurado, el microcosmos del personaje con el macrocosmos que es el mundo físico entero: ese mundo físico donde los cuatro elementos perduran en incesante lucha, «siendo, en continua guerra, / monstruo de fuego y aire, de agua y tierra», como

---

[42] Véase, en nuestro Apéndice, la variante al verso 1178.

explica en *El gran teatro del mundo* ese divino autor de comedias que es Dios (vv. 19-20). Vincular el pequeño mundo de los personajes con esta discordia perpetua cósmica es tanto más sugestivo en una obra como esta, donde asistimos al reventar de ese pequeño mundo.

Se ha examinado la posibilidad de entender las alusiones a los elementos como contribuciones a la caracterización de los personajes, puesto que los cuatro temperamentos que distinguía la psicología de la época —colérico, sanguíneo, melancólico y flemático— se consideraban íntimamente relacionados con los cuatro humores corporales —bilis amarilla, sangre, bilis negra y flema, respectivamente—, y a su vez con los elementos fuego (colérico), aire (sanguíneo), tierra (melancólico) y agua (flemático). Tales doctrinas, derivadas de las de Galeno heredadas de la Antigüedad, distaban mucho de ser unánimes en sus atribuciones de cualidades, y es difícil saber qué concepto de ellas podría tener un hombre como Calderón, que acaso las manejaba con la misma vaguedad con la que el no especialista hoy habla del subconsciente, de los virus o de la física cuántica. Es cierto que la asociación inicial de don Lope con el aire («al viento pareces») cuadra bien con su estado anímico, que muestra los rasgos habitualmente atribuidos a los sanguíneos («alegre hombre, placentero, riente e jugante»)[43]; pero un estado anímico no es lo mismo que un temperamento. La imagen del fuego en la obra parece aludir a las pasiones en general más que al temperamento colérico en particular. Parece, pues, incauto buscar en las metáforas elementales de Calderón una caracterización o un retrato psicológico de los personajes.

Por supuesto, el fuego del que habla con tanta insistencia doña Leonor en su primer discurso es, antes que nada, una metáfora familiar y convencional de la pasión amorosa, y no puede ser fortuito el que ese mismo fuego, convertido de metáfora en realidad literal, consuma su cadáver al final de la obra. Esta transformación, que por motivos evidentes se ha bautizado como «literalización de la metáfora», es frecuente

---

[43] Alfonso Martínez de Toledo, *Arcipreste de Talavera o Corbacho*, pág. 206.

en Calderón y hasta característica de su arte[44]. Aunque nos abstengamos de atribuirle un sentido particular, su fuerza sugestiva y su capacidad de cohesionar lenguaje poético y acción dramática, constituyen ya en sí mismas virtudes artísticas. Por lo demás, no parece rebuscado ver en las llamas que devoran a la esposa seducida un emblema del poder destructivo de las pasiones humanas, similar al célebre emblema calderoniano del caballo desbocado. Se ha propuesto que un público contemporáneo no pudo sino ver en el incendio «la imagen visual del alma ardiendo en los fuegos literales del Infierno»[45], pero el texto no ofrece ninguna señal que apunte en esa dirección, sino que, muy al contrario, como ya señalé anteriormente, apenas alude a la religión, a la teología o al destino trascendental del alma[46]. No parece aconsejable sustentar una interpretación únicamente en la imagen del mundo que se atribuya al público de la época, con todo lo que tienen tales atribuciones de tentativas, de conjeturales, de falibles; además, creo que es erróneo suponer que viviera tan inmerso en un terror al infierno para no poder ver algo tan cotidiano como el fuego sin pensar en la pena eterna[47]. En cambio, el texto ofrece hartos indicios para relacionar el fuego literal en la casa de don Lope sólo con el fuego metafórico de la pasión; en tal sentido cabe entender también las palabras de don Juan en otro lugar: «creció el fuego de manera / parece que tomaba / venganza de su violencia» (vv. 2673-2675). Es decir, el fuego en el que arde la casa parece «vengarse» —la elección del vocablo es sin duda intencional— de la violencia del fuego pasional de doña Leonor y don Luis.

---

[44] El término fue acuñado por Wardropper («Poetry and drama...»), quien lo aplicó a *El médico de su honra,* y es una de las nociones centrales del análisis de *A secreto agravio, secreta venganza* de Holzinger («Ideology, imagery...»).

[45] «The visual image of the soul burning in the literal fires of hell» (Holzinger, «Ideology, imagery...», pág. 210).

[46] La llamativa excepción es el pretexto que aduce Manrique para no participar activamente en la campaña militar, que será comentado más adelante.

[47] Ese mismo público no dejó de acudir a los corrales a despecho de los predicadores contemporáneos que lo definían como pecado mortal (véase Cotarelo, *Bibliografía...*, *passim*).

Como atestiguan los versos 2582-2601, los elementos, a la vez que herramientas para la destrucción de don Luis y don Leonor, son instrumentos de purificación. Don Lope equipara su honor con el oro —es decir, con lo más valioso que hay en el *gran mercado del mundo*— que, para acendrarse, tiene que pasar por fuego; equipara su deshonra con un «bajo metal» ligado con ese oro, pero también con una mancha que ha conseguido «lavar» con el agua del mar. Los cuatro elementos, a su vez, participan en hacer desaparecer «la gran desdicha mía». Esta polivalencia de la metáfora, capaz de generar diversos sentidos, es eminentemente poética.

Otro campo léxico muy presente en esta comedia es el que reúne voces relacionadas con la muerte. La palabra «muerte» figura nada menos que veinticinco veces en el texto de la comedia, y «muerto(s)» y «muerta(s)», otras diecisiete. Entre las otras formas verbales de «morir» he contado nueve ocurrencias, además de una del adjetivo «mortal». O sea, un promedio de una mención de la muerte cada 53 versos. En algunos casos, cabe entender el léxico de la muerte en sentido tanto metafórico como literal; en la gran mayoría de los casos, se emplea en sentido figurado, hasta el final de la obra, desde luego, cuando se convierte en terriblemente literal. Es decir, que también la metáfora de la muerte se somete a un proceso de literalización.

La primera en hablar de «muerte» en sentido figurado es Leonor, en su lamentación ante Sirena en la primera jornada:

> Tú, que sabes mi dolor,
> tú, que conoces *mi muerte*,
> ¿me reportas de esa suerte? (vv. 446-448).

Explica la metáfora un poco más adelante: se siente tan íntimamente vinculada a don Luis, que la muerte de este equivale a la suya propia:

> ¡Ay de mí,
> di, Sirena hermosa, di
> *don Luis muerto* y *muerta yo!*
> Pues si el cielo me forzó,
> me verás en esta calma

> sin gusto, sin ser, sin alma,
> *muerta* sí, casada no (vv. 487-493).

Para don Luis, el casamiento de Leonor tiene un efecto similar: casarse ella «por poder» equivale a «por poder quitarme el alma, / por poder *darme la muerte*» (vv. 736-737).

Los respectivos criados de la antigua pareja les avisan de lo arriesgado de sus acciones. En uno de estos intercambios, vuelven a encadenarse las alusiones a la muerte:

> CELIO. Señor, pues que de esta suerte
> hallaste tu desengaño,
> vuelve en ti, prevén el daño
> de tu vida y *de tu muerte*.
> Ya no hay estilo ni medio
> que tú debas elegir.
> DON LUIS. Sí hay, Celio.
> CELIO.   ¿Cuál es?
> DON LUIS.   *Morir*,
> que es el último remedio.
> *Muera yo*, pues vi casada
> a Leonor, pues que Leonor
> dejó burlado mi amor
> y mi esperanza burlada.
> Mas ¿qué me podrá *matar*,
> si los celos me han dejado
> con vida? (vv. 788-802).

Un poco más adelante en la misma escena insiste don Luis:

> sea mi loca esperanza
> *veneno* y *puñal* dorado.
>   Si ha de *matarme* el dolor,
> mejor es el gusto, ¡cielos!,
> y si he de *morir* de celos,
> mejor es *morir* de amor (vv. 828-833).

Irónicamente, don Luis llega a pedir directamente a don Lope que lo mate — como acabará haciendo de manera muy diferente:

> Agora, *dadme la muerte*,
> que como yo dicho haya
> la verdad, y no padezca
> alguna virtud sin causa,
> moriré alegre, rindiendo
> el ser, la vida y el alma
> a un honrado sentimiento
> y *no a una infame venganza* (vv. 1643-1650).

Resulta asimismo de una ironía terrible la referencia a la muerte en el consejo que ofrece Leonor a don Lope en la jornada segunda, y que será clave para despertar sus celos y sospechas:

> Vos ausente, señor mío,
> y por mi consejo ausente
> fuera pronunciar yo misma
> *la sentencia de mi muerte* (vv. 982-985).

En su carta-soneto a Leonor, don Luis llega a suplicar a Dios que le deje morir de una vez:

> Mi muerte injusta tu rigor me advierte,
> si mi vida en amarte persevera.
> ¡Pluguiera a Dios, que de una vez *muriera*
> quien de tantas no acierta con su *muerte*! (vv. 1335-1338).

Las siguientes palabras de Leonor empiezan con una referencia a la muerte metafórica y acaban en una referencia a la muerte literal:

> Como el que *muerte* me dio
> está presente, brotó
> reciente sangre la herida.
> Este hombre ha de obligarme,
> con seguirme y ofenderme,
> a *matarme* y a perderme
> —que aun fuera menos *matarme*—
> si no se ausenta de aquí (vv. 1350-1357).

Literal es la muerte también en estos versos suyos, involuntariamente premonitorios:

> podrá ser que a los dos
> nos *venga a costar la vida* (vv. 888-889).

En medio de este río de alusiones a la muerte, se produce una alusión al acto de matar de muy otra índole. Se trata de un comentario del gracioso, que constituye una breve injerencia de ese otro código ético —el judeocristiano— en un mundo de ficción regido por el código del honor. Si acompaña a su amo a África, dice Manrique, será

> no a matar, quebrando en vano
> la ley en que vivo y creo,
> pues allí explicar no veo
> que sea moro ni cristiano.
> «No matar», dice, y los dos
> este me veréis guardar,
> que yo no he de interpretar
> los mandamientos de Dios (vv. 910-917).

Tal referencia al quinto mandamiento, en una obra que acaba en un doble asesinato, no deja de ser significativo; pero sería un error pretender oír en la voz del gracioso la del autor. El gracioso —«figura del donaire», a fin de cuentas— tiene como función principal provocar a risa, y su estereotipo es todo lo contrario de un referente moral. Las palabras citadas de Manrique no dejan de ser un evidente pretexto para disimular su cobardía[48]. Pero tampoco carece totalmente de relevancia su comentario. Personajes como Manrique se mueven por el mundo idealizado de los galanes y damas de comedia como Sancho Panza por las fantasías caballerescas de don Quijote, contraponiendo a su código literario otro código diferente, que incluye, claro está, mucho egoísmo y poca valentía, pero a veces también una pizca de prosaico sentido común que ofrece un contrapeso a las exageraciones del otro código.

---

[48] Ya lo señala Watson, *Calderón's King Sebastian...*, pág. 415.

La versificación

Huelga decir que *A secreto agravio, secreta venganza* participa en el sistema polimétrico que caracteriza la comedia nueva en general. En las notas al texto de la comedia, he incluido sugerencias sobre la motivación o función de cada cambio métrico. Me limitaré aquí al esquema general:

Primera jornada

Silva pareada	vv. 1-21
Redondillas	vv. 22-81
Romance en *ó*	vv. 82-273
Romance en *é-a*	vv. 274-391
Redondillas	vv. 392-423
Décimas	vv. 424-513
Redondillas	vv. 514-569
Endecasílabos pareados	vv. 570-597
Redondillas	vv. 598-717
Décimas	vv. 718-747
Soneto	vv. 748-761
Soneto	vv. 762-775
Redondillas	vv. 776-811
Soneto	vv. 812-825
Redondillas	vv. 826-837

Segunda jornada

Redondillas	vv. 838-917
Romance en *é-e*	vv. 918-1181
Redondillas	vv. 1182-1217
Quintillas	vv. 1218-1242
Redondillas	vv. 1243-1330
Soneto	vv. 1331-1344
Redondillas	vv. 1345-1356
Romance en *é*	vv. 1357-1494

Sextetos-lira: *abbacC*[49]   vv. 1495-1596
Romance en *á-a*   vv. 1597-1764

Tercera jornada

Décimas	vv. 1765-1924
Endecasílabos pareados[50]	vv. 1925-1964
Romance en *í-o*	vv. 1965-2142
Quintillas	vv. 2143-2177
Redondillas	vv. 2178-2301
Quintillas	vv. 2302-2311
Soneto	vv. 2312-2325
Redondillas	vv. 2326-2373
Sextetos-lira: *aBaBcC*[51]	vv. 2374-2415
Romance en *ú-e*	vv. 2416-2525
Redondillas	vv. 2526-2601
Romance en *é-a*	vv. 2602-2753

---

[49] Versos 1552-1557: *abbaCC;* y 1576-1581: *ABbaCC.*
[50] Versos 1928-1930 y 1937 sin rima; versos 1935, 1954 y 1956 heptasílabos. El pasaje podría clasificarse también como una silva pareada con ciertas irregularidades.
[51] Versos 2407-2412: *aBabcC;* y 2413-2418: *ABaBCC.*

Esta edición

No se conserva ningún manuscrito autógrafo de *A secreto agravio, secreta venganza*, pero sí dos textos tempranos sin duda cercanos al original. Uno es un manuscrito fechado en 1635 y firmado por Diego Martínez de Mora, escribano que copió diversos manuscritos de comedias de Calderón por aquellos años. Otro es el que figura en la *Segunda parte de las comedias de don Pedro Calderón de la Barca*, que se imprimió en 1637 bajo la responsabilidad nominal de José Calderón, hermano del poeta. Del testimonio impreso derivaron, directa o indirectamente, todas las ediciones de la comedia que ha habido hasta hace muy poco, puesto que, a pesar de lo que sostienen Luis Astrana Marín, Ángel Valbuena Briones o Francisco Ruiz Ramón en las introducciones a sus respectivas ediciones, solo para la de Santiago Fernández Mosquera (en su edición de la *Segunda parte*, 2007) se cotejaron los testimonios impresos con el manuscrito.

El manuscrito (Ms. 14927 de la Biblioteca Nacional de Madrid) tiene errores de transcripción en un número ligeramente superior a las erratas del texto impreso, pero también incluye versos que se perdieron en el paso por la imprenta. Cabe suponer que son pocas las erratas que comparten los dos testimonios, por lo que, corrigiendo los errores del uno con los aciertos del otro resulta posible destilar un texto relativamente fiable[52].

---

[52] Para una comparación detallada de estos dos testimonios textuales, véase Rodríguez-Gallego, «Sobre el manuscrito...». Sigue siendo también útil Wilson, «Notes on the text...».

Hay un factor que complica la tarea de fijación del texto, y es que no todas las diferencias entre el texto impreso y el manuscrito son atribuibles a deslices del escribano o del cajista. En unos pocos lugares del texto, las divergencias son sustanciales. Ello puede deberse o bien a un borrador anterior en el que convivieron varias versiones de estos pasajes, o bien a una revisión del texto, o bien a intentos de enmendar una copia defectuosa. El reducido número de estas divergencias no permite sacar conclusiones muy firmes al respecto, pero la consideración de algunas de las variantes más llamativas nos puede ayudar, al menos, a formular hipótesis.

Para empezar, hay indicios que sugieren que el manuscrito y el texto de la *Segunda parte* derivan de un arquetipo común, y que entre la redacción del arquetipo y la impresión del texto, este fue repasado por el propio autor, quien, por los motivos que fuera, hizo unas pocas revisiones[53]. Uno de estos indicios solo se aprecia si se consideran en su conjunto los versos 1664, 1764, 2162 y 2181. Pongo a la izquierda la variante del manuscrito; a la derecha, la de la *Segunda parte:*

v. 1664	un volcán tengo en el alma	sufre, disimula y calla
v. 1764	disimula, sufre y calla	sufre, disimula y calla
v. 2162	sufre, disimula y calla	sufre, disimula y calla
v. 2181	sufre, disimula y calla	sufre, disimula y calla

Se vislumbra aquí la mano del poeta, que al repasar el texto podría haber querido fortalecer el impacto retórico de la frase «sufre, disimula y calla». Hacerla sonar ya dos veces, y con no poco énfasis, en la jornada segunda, permitiría al espectador reconocerla cuando es pronunciada de nuevo por don Lope, de nuevo dos veces, en su monólogo clave de la jornada tercera, convirtiéndose así en auténtico *leitmotiv* del poema dramático. De ahí el sacrificio de un verso tan digno como «un volcán tengo en el alma» para permitir una ocurrencia más del mismo verso, y de ahí la modificación

---

[53] Esta hipótesis ha sido considerada más por extenso en Coenen, «More on the text...», y con una cautela mucho más prudente por Rodríguez-Gallego, «Sobre el manuscrito...».

del orden de las palabras en el verso 1764. Solo alguien que conociera muy bien el texto pudo recordar, al revisar los versos 1664 y 1764, dos versos que no figuran hasta en la jornada siguiente. Ello parece excluir a los copistas y cajistas, solo dejando, creo, al propio autor, a los comediantes, o acaso al hermano del autor como posibles responsables de la intervención.

Otro indicio que apunta en la misma dirección lo constituye un conjunto de variantes tan intencionales como intrascendentes en el soneto pronunciado por doña Leonor y luego repetido por don Luis al final de la jornada primera. Una de las rimas de los cuartetos es, según el manuscrito, *viera – fuera – pudiera – rindiera*. En los textos impresos, la serie es *viese – fuese – pudiese – rindiese*. Se trata de ocho intervenciones llevadas a cabo coordinadamente (ocho, no cuatro, por la repetición del soneto), sin que influyan en absoluto en el sentido del poema. Es fácil imaginarse un cajista o corrector enmendando lo que percibe como deslices; pero una modificación como esta resulta difícil de explicar si no es suponiendo que la hizo el propio autor; acaso no pensándoselo mucho y actuando sobre la percepción intuitiva de que el subjuntivo en *-ese* suena mejor que el subjuntivo en *-era*. Las rimas en *-ese* son mucho menos frecuentes que las en *-era*, de modo que, suponiendo que una rima difícil es, por lo general, más satisfactoria que una rima fácil, podemos postular que Calderón, al darse cuenta de que su soneto había acabado teniendo como rimas cuatro imperfectos de subjuntivo, todos sustituibles por formas en *-ese*, optó por llevar a cabo tal sustitución.

Es de interés también una variante (vv. 348-359 en nuestro texto) que se encuentra en la primera jornada, en la respuesta que da don Lope a la larga relación que hace don Juan de sus desgracias. En la *Segunda parte* el pasaje reza así (modernizo la ortografía y la puntuación):

> Consolaos
> de que la fortuna os deja
> un amigo verdadero,
> y que no ha tenido fuerza

> contra vos; que no os quitó
> este valor que os alienta,
> esta alma que os anima
> y este brazo que os defienda.
> No me respondáis, dejad
> las cortesanas finezas

Una lectura atenta revela la presencia de unas pequeñas incongruencias en estas líneas. ¿Por qué dice don Lope «No me respondáis»? Habrá que suponer que percibe un amago de contestación en Juan, que quiere y consigue impedir. Pero, entonces, ¿cómo sabe que lo que va a decir Juan son meras «cortesanas finezas»? Y ¿por qué le ruega «dejarlas» si ni siquiera las ha iniciado? Son incongruencias menores, cierto, pero el hecho es que se desvanecen en la versión que ofrece el manuscrito:

>   Consolaos
> de que la fortuna os deja
> un amigo verdadero,
> y que no ha tenido fuerza
> contra vos; pues no os quitó
> ese valor que os alienta,
> esta alma que os anima
> este pecho que os granjea
> y este brazo que os estime.
>
> Don Juan.   Dejad que bese la tierra...
> *Échase a sus pies y D. Lope le levanta.*
> Don Lope.   No me enternezcáis, dejad
> las cortesanas finezas...

Habiéndose don Juan postrado ante él para besar la tierra que pisa, se entiende perfectamente cuáles son las «cortesanas finezas» a las que alude don Lope. Además, la intensificación retórica de los versos «ese valor que os alienta ... y este brazo que os estime» hace sospechar que fueron concebidos como remate final del monólogo, conforme los hábitos retóricos de Calderón en la construcción de este tipo de relaciones. Lo dicho sugiere, primero, que los versos del texto impreso son, en efecto, una versión revisada de los que figuran en el manuscrito y no al revés; y segundo, que no fue especialmente cuidadosa la revisión. Solo cabe especular sobre los motivos que la inspiraron. Suponiendo que «estime» es errata por «estima», tal vez le molestaba la rima involuntaria con «anima» en posición sin rima. Pero francamente, tengo mis dudas sobre la autoridad de la intervención.

Si la citada variante sugiere una intervención apresurada o poco experta, lo mismo se puede decir con más motivo de los versos 1573-1574, que faltan en el manuscrito y que son necesarios para completar la estrofa. Se producen cuando don Lope quiere entrar en el cuarto de Leonor, donde está escondido don Luis. En el manuscrito, el pasaje lee así:

[Don Lope].	Ea, Manrique, guía con esa luz.
Manrique.	No oso, que yo de duendes soy poco goloso.
Don Lope.	Pues ¿de qué tienes miedo?
Manrique.	De todo.
Don Lope.	Suelta, digo. *Quítale el hacha.*

Los dos versos que solo constan en el impreso constituyen una extraña interrupción de este fluido diálogo:

[Don Lope].	Ea, Manrique, guía con esa luz.
Manrique.	No oso, que yo de duendes soy poco goloso.
Doña Leonor.	*No entréis, señor, aquí; yo soy testigo que aseguraros este cuarto puedo.*
Don Lope.	Pues ¿de qué tienes miedo?
Manrique.	De todo.
Don Lope.	Suelta, digo.

Nótese que ni don Lope ni Manrique hacen caso a Leonor. Todo indica, pues, que la estrofa ya estaba corrupta en el antepasado común y que los dos versos fueron interpolados para completarla. Lo importante aquí es señalar la torpeza de la intervención, que plantea nuevas dudas sobre el cuidado o la habilidad con que fue llevada a cabo.

Resulta también llamativa la variante del verso 2415, que remata el monólogo en el que Leonor anuncia su intención de ceder a los embates de don Luis. Según el manuscrito, las palabras de Leonor son: «y tenga fin mi amor, y el gusto tenga». El impreso da: «y tenga fin mi amor, porque él lo tenga», palabras que resultan sumamente ambiguas, por lo que solo la tónica general del discurso nos permite entenderlas correctamente. Además, resulta muy adecuado que Leonor remate su monólogo hablando de su anhelo de tener «gusto», habiéndolo empezado insistiendo en la tristeza que siente (vv. 2370 y ss.). En fin, si este verso fue revisado por Calderón para el impreso, resultan enigmáticos sus motivos y, cuando menos, discutible su acierto.

Otra variante (vv. 1180-81) destacable ocurre en el maravilloso soliloquio en el que don Lope, en la jornada segunda, se confiesa a sí mismo sus celos. Empiezo con la versión del manuscrito:

>   yo sabré proceder
> callado, cuerdo y prudente,
> advertido, cuidadoso,
> solícito y asistente,
> hasta tocar la ocasión
> de mi vida y de mi muerte,
> y en tanto que aquesta llama
> me esté atormentando siempre
> todo seré confusiones:
> ¡valedme, cielos, valedme!

En la *Segunda parte*, en lugar de los últimos cuatro versos figuran solo dos:

> y en tanto que esta se llega,
> ¡valedme, cielos, valedme!

Difícil es saber el motivo de esta intervención. Una posible explicación sería que la hizo el propio Calderón con el intento de incorporar la exclamación final «¡valedme, cielos, valedme!» en la construcción gramatical anterior, de acuerdo con lo que hace en otros textos suyos:

>   hasta entonces,
> ¡valedme, cielos, valedme!

(La vida es sueño, vv. 1882-1883).

> hasta que a mis manos llegue
> o desengaño o venganza,
> ¡valedme, cielos, valedme!

(No hay burlas con el amor, vv. 1020-1022).

> mientras llegue
> a cobrarme en mis sentidos,
> ¡valedme, cielos, valedme!

(El cordero de Isaías, vv. 1321-1323).

También puede ser que los versos originales molestaran a un censor. A fin de cuentas, esa «llama» que a don Lope le está «atormentando siempre» puede ser considerada una trivialización de las llamas perpetuas del Infierno, y los versos más susceptibles de ser expurgados eran siempre precisamente aquellos que rozaban cuestiones teológicas. Así, en el manuscrito que se conserva de la representación de *El secreto a voces* en 1642, están suprimidos con la rúbrica del censor únicamente los dos versos que dicen que Enrique está haciendo «misterios sin ser rosario, / sin ser cura sacramentos»; y en 1689, el censor Lanini consideraba inaceptables por motivos teológicos los versos de *El galán fantasma* que dicen «bastarale en tal calma / para que tenga celos, tener alma»[54]. No resulta, por lo tanto, descabellada la sospecha de que la modificación se hiciera a instancias de un censor eclesiástico que interviniera en algún momento de la transmisión textual, por ejemplo para una representación de la comedia.

En resumen, si por un lado hay variantes que hacen pensar que el propio Calderón revisó el texto para el impreso, otras sugieren o bien que lo hizo demasiado precipitadamente, o bien que lo hizo otra persona, o bien que lo hicieron varias; y la última variante examinada sugiere que acaso no fueron puramente literarios los motivos de las intervencio-

---

[54] Para *El secreto a voces*, puede consultarse el Ms. Res 117 de la Biblioteca Nacional, fol. 1v. Para *El galán fantasma*, véase Noelia Iglesias Iglesias, «La censura de Vera Tassis en el manuscrito 15672 (BNE) de *El galán fantasma* de Calderón de la Barca», en las *Actas del VIII Congreso Internacional de la AISO* (2008), en prensa.

nes. A esto hay que añadir que no hay ningún motivo para poner en duda que las variantes sustanciales del manuscrito contaran, en algún momento de la transmisión textual, con el beneplácito del autor. Al contrario, una variante como «un volcán tengo en el alma» resulta tan característicamente calderoniana que difícilmente cabe atribuirla a mano ajena.

Tal vez la verdad de la transmisión textual se esconde tras el interesante caso del verso 469 («cuando le falta su unión»), que, siendo necesario para completar la estrofa, solo figura en el manuscrito, pero que parece no estar en su debido lugar:

> y con acento suave
> se queja una simple ave,
> y en amorosa prisión,
> *quando le falta su unión,*
> así aliviarse pretende

En su reciente edición de la comedia, Santiago Fernández Mosquera recoloca el verso así:

> y con acento suave
> se queja una simple ave
> *cuando le falta su unión;*
> y en amorosa prisión
> así aliviarse pretende

La intervención resulta muy convincente, sobre todo en el contexto retórico de todo el pasaje, por lo que la he seguido en esta edición. Ahora bien, resulta muy llamativo que precisamente un verso que solo figura en el manuscrito parece estar además descolocado. ¿Podría ser que ambos textos derivaran de un mismo manuscrito autógrafo, en el que este verso figuraba como corrección al margen, donde fácilmente pudo pasarlo por alto el cajista de la *Segunda parte* y equivocarse el copista Martínez de Mora al colocarlo en el texto?

Tal hipótesis podría servir para explicar más aspectos del texto. Uno sería lo que parece ser la omisión en ambos textos de un verso necesario por motivos métricos (v. 2309). Otro, la existencia de unas cuantas erratas comunes a ambos testimonios. Además, no es infrecuente que convivan en un solo borrador diversas redacciones de algunos pasajes, y podría ser esta una explicación alternativa de las divergencias entre los dos testimonios más antiguos, sea porque hubo que aclararse con tachaduras y enmiendas no todas muy legibles o fácilmente comprensibles para otra persona que el mismo autor, sea porque este llegó a hacer unas pocas revisiones posteriores en el mismo manuscrito.

En conclusión, las hipótesis que se pueden formular en torno a la transmisión textual y la relación exacta que en ella guardan el testimonio de la *Segunda parte* y el manuscrito de Martínez de Mora resultan harto frágiles para fundamentar una marcada preferencia por uno de los dos. Decir que Calderón *probablemente* fue responsable de *al menos algunas* de las variantes textuales del impreso, que, si son realmente suyas, *dan la sensación* de haber sido realizadas precipitadamente, y en algún caso *tal vez* por motivos no puramente literarios, es introducir más dudas que certezas. Suponiendo que mi propio criterio no es más falible que estas hipótesis, he preferido elegir en cada caso concreto la variante que más satisfactoria me resulta, preocupándome más por la eficacia del texto sobre las tablas que en el rigor metodológico. Si adopto el impreso como texto base, es solo porque tiene menos erratas evidentes.

En cuanto a las acotaciones, por regla general suelen ser más parcas en los testimonios impresos de la época que en los manuscritos. Aunque existen teorías alternativas, creo que el motivo principal suele ser, simplemente, que los cajistas a menudo las pasaban por alto —debido a su ubicación marginal en el folio manuscrito—, o las omitían o modificaban por motivos de espacio u otros inconvenientes. Resulta difícil de creer que el propio Calderón hiciera más modificaciones sustanciales en las acotaciones —cuya función, a fin de cuentas, es práctica y no estética— que en el texto dramático propiamente dicho, que es lo que habría que suponer en el caso de *A secreto agravio, secreta venganza* si se postula que las variantes en las acotaciones las realizó el autor. A mi juicio, resulta muy probable que el manuscrito sea más respetuoso que el impreso con las acotaciones incluidas originalmente por Calderón. En la mayoría de los casos, pues, he adoptado las del manuscrito, aunque algunas pueden resultar redundantes.

La *Segunda parte* fue reimpresa varias veces a lo largo del siglo XVII. La primera edición, de 1637, que se conoce como QC por las siglas del impresor (María de Quiñones, Q) y del librero en cuya casa se vendía (Pedro Coello, C), fue seguida en 1641 por una segunda, ligeramente corregida —no se sabe con qué autoridad—, que se conoce como S, también por el apellido del impresor, Carlos Sánchez. Existe, además, una edición contrahecha de la primera edición, cuya impresión suele fecharse a principios de la década de 1670. Por motivos fáciles de adivinar, no figura el nombre del vendedor en el frontispicio; se conoce como Q por fingir haber sido impreso por Quiñones. Para ser una edición contrahecha, es un libro preparado con bastante esmero, que incluye unas pocas enmiendas sensatas; pero todo indica que sus variantes textuales carecen de autoridad.

Juan de Vera Tassis y Villarroel, el primer editor sistemático de las comedias de Calderón, a quien sin duda conoció personalmente —aunque nadie se cree hoy que fuera su «mayor amigo», como afirma en el frontispicio de sus ediciones—, incluyó entre los nueve tomos de comedias suyas que publicó póstumamente una reedición de la *Segunda parte* (1686). Manejó para ella la edición contrahecha Q, con la que comparte algunas peculiaridades (como la errata «muletes» por «muletas»; véase el v. 385 de esta edición). En el encabezamiento de la comedia, Vera Tassis añade al título la precisión: «Fiesta que se representó a sus Majestades en el Salón de su Real Palacio», probablemente en alusión a una reposición palaciega de la obra de la que no conservamos otra prueba documental. Hay indicios importantes de que Calderón revisaba y enmendaba los textos para este tipo de reposiciones[55], y cabe preguntarse si lo hizo en este caso. Que la edición de Vera Tassis derive de la contrahecha de la *Segunda parte*, y que suceda lo mismo con diez de las otras

---

[55] Véase Coenen, «Del libro al palacio...».

once comedias del volumen, no prueba nada al respecto, ya que el cajista que compuso el libro trabajó plausiblemente sobre Q y una lista de enmiendas proporcionada por Vera, fuese cual fuese el origen de esas enmiendas. Sin embargo, la evidencia interna del texto sugiere que, si fue corregido por Calderón, lo hizo con poco cuidado, puesto que dejó sin enmendar los pasajes en los que la transmisión impresa omitió versos.

Cabe suponer, pues, que Vera Tassis enmendó el texto *ope ingenii*. No obstante, hay que reconocer su situación privilegiada, como poeta dramático menor inmerso en una cultura literaria que nosotros solo podemos reconstruir conceptualmente, y como discípulo y contemporáneo de Calderón, cuyas costumbres poéticas y retóricas demuestra conocer a fondo; de modo que sus ediciones siempre merecen ser tenidas en cuenta. Su reputación como editor de Calderón ha quedado muy dañada por un estudio de Everett Hesse, que pretendía demostrar que, en sus ediciones de las primeras cuatro *Partes* de las comedias de Calderón, más de la mitad de sus enmiendas son «arbitrarias»[56]. No obstante, el método y las conclusiones de Hesse son harto discutibles, y muchas de las intervenciones que atribuye a Vera Tassis son, en realidad, correcciones y revisiones del propio Calderón para la segunda edición de la *Cuarta parte* (1674). El examen atento de la edición de Vera Tassis de *A secreto agravio, secreta venganza* lleva a una conclusión bien distinta de la sostenida por Hesse. Por supuesto, tiene sus erratas, como cualquier texto impreso; pero dejando estas aparte, todas o casi todas sus intervenciones en *A secreto agravio, secreta venganza* resultan, cuanto menos, razonables, es decir, defendibles con argumentos razonados. No es «arbitrario» eliminar la repetición de una rima a escasa distancia en el texto, restaurar lo que parece ser una figura retórica dañada por corrupción textual, resolver defectos métricos o remediar incongruencias gramaticales o de sentido. Vera fue capaz de restaurar exactamente la lección del manuscrito en más de veinte lugares del texto;

---

[56] Hesse, *Vera Tassis' Text...*, pág. 344.

muchas de estas enmiendas son evidentes o fáciles, pero algunas no tanto. A veces son realmente sorprendentes. Así, las palabras de Celio a don Luis en el v. 790 parecen más adecuadas en QC («prevén el daño») que en el texto de Vera («repara el daño»), puesto que el daño está todavía por venir; y sin embargo, la versión de Vera coincide también aquí exactamente con la del manuscrito.

Si la conservación del manuscrito permite demostrar que hay decenas de enmiendas acertadas en la labor de Vera Tassis, cabe postular que otras ediciones suyas tengan al menos un número similar de aciertos. Ello no significa, desde luego, que todas las intervenciones de Vera Tassis deban ser adoptadas, sobre todo en un caso como el presente, con la relativa seguridad que proporciona al editor moderno el cotejo del manuscrito con QC; pero confirma su extraordinaria habilidad como editor y corrector de los textos de Calderón, y da motivos para concederle el beneficio de la duda.

Es lo que he hecho en unos cuantos lugares donde Vera da incluso variantes que, a pesar de no coincidir con otro testimonio alguno, resultan tan convincentes que cabe sospechar que corrigen un error ya presente en el antepasado común de los testimonios más antiguos[57]. En dos lugares Vera inserta un verso que parece deseable (después del v. 15) o necesario (v. 2309) por las exigencias de la versificación, aunque el texto tiene pleno sentido sin él; el segundo lo he mantenido entre corchetes en el texto, pero el primero no, por no ser estrictamente necesario.

Hay que mencionar, finalmente, un testimonio temprano que, con el título de *Vengarse con fuego y agua,* figura en un volumen intitulado *Sexta parte* de *Comedias escogidas de los mejores ingenios de España* (Zaragoza, Herederos de Pedro Lanaja y Lamarca, 1653). Se trata, en realidad, de una comedia suelta incluida en un volumen facticio, cuyo único ejemplar conocido se encuentra en la Biblioteca Nacional de Austria; sin lugar a dudas fue editada sin la colaboración ni el consenti-

---

[57] Véanse los versos 127, 1916, 2521 y 2589 de esta edición, y sus variantes recogidas en el Apéndice.

miento del autor. Su texto deriva de S y su principal peculiaridad —fuera de la esperable abundancia de erratas— consiste en la supresión de dos de los tres encuentros de Manrique con Sirena (vv. 1182-1298 y 2302-2369 de esta edición). Su valor para la fijación del texto resulta ser nulo, por lo que he excluido sus variantes del aparato crítico.

En resumen, los testimonios textuales cotejados para esta edición son los siguientes (los doy con la abreviatura correspondiente que será usada en el aparato crítico):

M: *La gran comedia de la secreta benganza de don Lope de Almeyda, de don Pedro Calderon de la Barca,* manuscrito firmado por don Diego Martínez de Mora y fechado en 1635, conservado en la Biblioteca Nacional de España (Ms. 14927).

QC: *A secreto agravio, secreta venganza. Comedia famosa. De don Pedro Calderón de la Barca,* en *Segunda parte de las comedias de don Pedro Calderón de la Barca,* Madrid, María de Quiñones, 1637, edición en facsímile a cargo de D. W. Cruickshank y J. E. Varey, Calderón, *Comedias,* V, Londres, Tamesis, 1973.

S: *A secreto agravio, secreta venganza. Comedia famosa. De don Pedro Calderón de la Barca,* en *Segunda parte de las comedias de don Pedro Calderón de la Barca,* Madrid, Imprenta de Carlos Sánchez, 1641, edición en facsímile a cargo de D. W. Cruickshank y J. E. Varey, Calderón, *Comedias,* VI, Londres, Tamesis, 1973.

Q: *A secreto agravio, secreta venganza. Comedia famosa. De don Pedro Calderón de la Barca,* en *Segunda parte de las comedias de don Pedro Calderon de la Barca,* Madrid, María de Quiñones, 1637, edición en facsímile a cargo de D. W. Cruickshank y J. E. Varey, Calderón, *Comedias,* VII, Londres, Tamesis, 1973.

VT: *Comedia famosa. A secreto agravio secreta venganza. Fiesta que se representò à sus Magestades en el Salon de su Real Palacio. De don Pedro Calderon de la Barca,* en *Parte segunda de Comedias del celebre poeta español, don Pedro Calderon de la Barca,* edición de Juan de Vera Tassis y Villarroel, Madrid, Francisco Sanz, 1686.

> *Vengarse con fuego, y agua. Comedia famosa de don Pedro Calderon*, en *Sexta parte* de *Comedias escogidas de los mejores ingenios de España*, Zaragoza, Herederos de Pedro Lanaja y Lamarca, 1653.

Aunque he cotejado minuciosamente todos estos testimonios, parto de la suposición de que serán pocos los curiosos por el aparato de variantes. Para no abrumar al lector no especializado amontonándolas en notas a pie de página, he preferido relegarlas a un apéndice al final de este libro, y solo en muy contadas ocasiones he querido justificar en nota alguna decisión con respecto a la fijación del texto.

He modernizado la ortografía, incluyendo algún caso que afecta a la pronunciación (como *escuro/oscuro*; *ansi/así*; *vitoria/victoria*; o *perficiona/perfecciona)*, atendiendo más a la representabilidad de la comedia hoy que a la historia de la lengua; conservo, sin embargo, las formas arcaicas que influyen en la rima *(conceto, efeto)* o en el silabeo *(agora)*. Como es costumbre, no sigo la puntuación de las ediciones impresas antiguas, nada fiable por no ser obra del autor —cuyos manuscritos autógrafos carecen de puntuación—, sino de los cajistas y correctores de galeradas. He resuelto, finalmente, contracciones como «destos» y «dellas», de ningún valor fonético, siguiendo en esto las normas actuales en vez de las de los impresores del siglo XVII.

En la anotación del texto, he querido atender principalmente a los lectores no especialistas y a estudiantes. Me he propuesto sobre todo aclarar el sentido del texto, y he incluido también observaciones sobre la posible función o justificación de los cambios de versificación. Espero que no se me hayan escapado muchas pedanterías impertinentes.

Bibliografía

Estudios

Arellano, Ignacio (ed.), *Calderón 2000, Homenaje de Kurt Reichenberger en su 80 cumpleaños, Actas del Congreso Internacional, IV Centenario del Nacimiento de Calderón, Universidad de Navarra (septiembre de 2000)*, 3 vols., Kassel, Reichenberger, 2003.

Armendáriz Aramendía, Ana, «El sentido y los sentidos de *El médico de su honra*», en *El médico de su honra de Calderón de la Barca*, Madrid y Frankfurt, Universidad de Navarra, Vervuert e Iberoamericana, 2007, págs. 11-227.

Artiles Rodríguez, J., «La idea de la venganza en el drama español del siglo XVII», en *Segismundo,* III (1967), págs. 9-38.

Calderón de la Barca, Pedro, *Comedias*, ed. en facsímil al cuidado de D. W Cruickshank y J. E. Varey, 19 vols., Londres, Tamesis, 1973.

Chauchadis, Claude, «Honor y honra, o cómo se comete un error en lexicología», en *Criticón,* XVII (1982), págs. 67-87.

Coenen, Erik, «Del libro al palacio, del palacio al libro. Una hipótesis sobre la transmisión textual de las comedias de Calderón», en *Actas del VIII Congreso Internacional de la AISO (Santiago de Compostela, julio de 2008)*, en prensa.

— «More on the text of *A secreto agravio, secreta venganza* and Calderón's *Segunda parte*», en *Bulletin of Hispanic Studies,* LXXXVI (2009), págs. 379-385.

— «Poética y carácter nacional: los catálogos de atributos nacionales en las poéticas (neo)clasicistas», en *Estudios Clásicos,* CXXX (2006), págs. 65-85.

— «Reconsideración de los dramas de honor (y de la justicia poética)», en *Cuatrocientos años del «Arte nuevo de hacer comedias» de Lope de Vega, Actas selectas del XIV Congreso Internacional de Teatro Español y Novohispano de los Siglos de Oro*, Germán Vega García-

Luengos y Héctor Urzáiz Tortajada (eds.), Valladolid, Universidad, 2010, págs. 379-389.
COTARELO, Emilio, *Bibliografía de las controversias sobre la licitud del teatro en España* [1904], ed. en facsímil, con estudio preliminar e índices de José Luis Suárez García, Granada, Universidad, 1997.
— *Ensayo sobre la vida y obras de D. Pedro Calderón de la Barca* [1924], ed. en facsímil al cuidado de Ignacio Arellano y Juan Manuel Escudero, Madrid y Frankfurt, Universidad de Navarra, Iberoamericana y Vervuert, 2001.
DE ARMAS, Frederick, «The Four Elemental Jewels in Calderón's *A secreto agravio, secreta venganza*», en *Bulletin of Hispanic Studies* LXIV (1987), págs. 65-75.
DOMÍNGUEZ DE PAZ, Elisa, «Sobre la honra y la soledad en *A secreto agravio, secreta venganza* de Calderón», en Ignacio Arellano (ed.), *Calderón 2000,* vol. II, págs. 163-179.
DUNN, Peter N., «Honour and the Christian background», en *Bulletin of Hispanic Studies,* XXXVII (1960), págs. 75-105.
DURÁN, M. y GONZÁLEZ ECHEVARRÍA, R., *Calderón y la crítica: historia y antología,* 2 vols., Madrid, Gredos, 1976.
FOX, Dian, *Kings in Calderón: a study in characterization and political theory,* Londres, Tamesis, 1986.
HESSE, Everett W., *Vera Tassis' Text of Calderón's Plays (parts I-IV),* tesis doctoral, Nueva York, 1941.
HOLZINGER, Walter, «Ideology, imagery and the literalization of metaphor in *A secreto agravio, secreta venganza*», en *Bulletin of Hispanic Studies,* LIV (1977), págs. 203-213.
JONES, C. A., «Honour in Spanish Golden Age drama: its relation to real life and to morals», en *Bulletin of Hispanic Studies,* XXXV/4 (1958), págs. 199-210.
— «Spanish honour as historical phenomenon: convention and artistic motive», en *Hispanic Review,* XXXIII (1965), págs. 32-39.
MAY, T. E., «The folly and wit of secret vengeance: Calderón's *A secreto agravio, secreta venganza*» [1965], en Calderón, *Comedias,* XIX, págs. 37-46.
MCKENDRICK, Melveena, «Honour/Vengeance in the Spanish *comedia*: a case of mimetic transference?», en *Modern Language Review,* LIXXX (1984), págs. 313-335.
MENÉNDEZ PELAYO, Marcelino, «Dramas Trágicos» [1884], en Durán y González Echevarría, págs. 127-165.
MORBY, Edwin S., «Some observations on *tragedia* and *tragicomedia* in Lope», en *Hispanic Review,* IX (1943), págs. 185-209.
PARKER, Alexander A., *The Approach to the Spanish Drama of the Golden Age,* Londres, Grant & Cutler, 5.ª ed., 1971.

- «Towards a definition of Calderonian tragedy», en *Bulletin of Hispanic Studies*, XXXIX (octubre de 1962), págs. 222-237
PATERSON, Alan K. G., «*A secreto agravio, secreta venganza:* a theatre of the passions», en *Modern Language Review*, LXXIX (1984), págs. 579-608.
- «La ciencia en el gran teatro del mundo de Calderón: una vuelta al caso de *A secreto agravio, secreta venganza*», en Ignacio Arellano (ed.), *Calderón 2000*, vol. II, págs. 295-303.
REGALADO, A., *Calderón. Los orígenes de la modernidad en la España del Siglo de Oro*, vol. I, Barcelona, Destino, 1995.
REICHENBERGER, Arnold G., «The uniqueness of the *Comedia*», en *Hispanic Review*, XXVII (1959), págs. 303-316.
RODRÍGUEZ-GALLEGO, Fernando, «Sobre el manuscrito BNE 14.927 de *A secreto agravio secreta venganza* y el valor textual de la *Segunda parte de comedias* de Calderón», en *Criticón*, IC (2007), págs. 217-242.
RUIZ RAMON, Francisco, *Calderón y la tragedia*, Madrid, Alhambra, 1984.
SHERGOLD, N. D., «Some early Calderón dates», *Bulletin of Hispanic Studies*, XXXVIII (octubre de 1961), págs. 274-286.
- y VAREY, J. E., *Fuentes para la historia del teatro en España*, vols. I-VI, Londres, Tamesis, 1982, 1985, 1971, 1973, 1974 y 1979.
SLOMAN, Albert E., *The dramatic craftsmanship of Calderón*, Oxford, Dolphin, 1958.
STROUD, M., «Further considerations of history and law in the wife-murder comedias», en *Hispanic Journal*, VIII/1 (1987), págs. 21-38.
TER HORST, Robert, «From comedy to tragedy: Calderón and new tragedy», *Modern Language Notes*, XCII/2 (1977), págs. 181-201.
TORO, A. de, «Sistema semiótico-estructural del drama de honor en Lope de Vega y Calderón de la Barca», en *Texto mensaje recipiente*, Tübingen, Narr, 1988, págs. 81-100.
- «Observaciones para una definición de los términos 'tragoedia', 'comoedia' y 'tragicomedia' en los dramas de honor de Calderón», en *Texto mensaje recipiente*, Tübingen, Narr, 1988, págs. 101-139.
VITSE, Marc, *Éléments pour une théorie du théâtre espagnol du xviie siècle*, Toulouse-Le Mirail, Université, 1988.
WARDROPPER, «Poetry and drama in Calderón's *El médico de su honra*», en *Romanic Review*, IL (1958), págs. 3-11.
- «The implicit craft of the Spanish *comedia*», en R. O. Jones (ed.), *Studies in Spanish Literature of the Golden Age, presented to Edward M. Wilson*, Londres, Tamesis, 1973, págs. 339-356.
- «The wife-murder plays in retrospect», en *Revista Canadiense de Estudios Hispánicos*, V/3 (1981), págs. 385-397.

Watson, I. E., «Calderón's King Sebastian: fool or hero?», en *Bulletin of Hispanic Studies*, LXI (julio de 1984), págs. 407-418.
Wilson, Edward M., «Notes on the text of *A secreto agravio secreta venganza*» [1958], en Calderón, *Comedias*, I, págs. 95-106.
— «The discretion of Don Lope de Almeida» [1951], en Calderón, *Comedias*, XIX, págs. 17-36.
— «The four elements in the imagery of Calderón» [1936], en Calderón, *Comedias*, XIX, págs. 191-207.

Ediciones modernas de «A secreto agravio, secreta venganza»

A secreto agravio, secreta venganza, ed. de Ángel Valbuena Briones, Madrid, Espasa-Calpe, 1956.
A secreto agravio, secreta venganza, en *Tragedias*, 2.ª ed. de Francisco Ruiz Ramón, Madrid, Alianza, 1968.
A secreto agravio, secreta venganza, en *Obras completas II. Dramas*, ed. de Ángel Valbuena Briones, Madrid, Espasa-Calpe, 5.ª ed., 2.ª impresión, Madrid, Aguilar, 1987 (edición que incorpora variantes citadas en E. M. Wilson, «Notes on the text...»).
A secreto agravio, secreta venganza, en *Comedias II. Segunda parte de comedias*, ed. de Santiago Fernández Mosquera, Madrid, Fundación José Antonio de Castro, 2007.

Otras obras de Calderón citadas

Afectos de odio y amor, en *Comedias III. Tercera parte de comedias*, ed. de D. W. Cruickshank, Madrid, Fundación José Antonio de Castro, 2007.
El alcalde de Zalamea, ed. de Juan Manuel Escudero Baztán, en *El alcalde de Zalamea*, edición crítica de las dos versiones, Madrid y Frankfurt, Universidad de Navarra, Vervuert e Iberoamericana, 1998.
Amar después de la muerte, ed. de Erik Coenen, Madrid, Cátedra, 2008.
El astrólogo fingido, ed. de Fernando Rodríguez-Gallego, en *La reescritura de comedias de Calderón de la Barca publicadas en su «Segunda parte»: edición y estudio textual de «Judas Macabeo» y «El astrólogo fingido»* (tesis doctoral), Santiago de Compostela, 2009, págs. 681-816.
La banda y la flor, en *Obras completas. Comedias*, ed. de Ángel Valbuena Briones, 2.ª ed., Madrid, Aguilar, 1987.

Cada uno para sí, ed. de José María Ruano de la Haza, Kassel, Reichenberger, 1982.
El cordero de Isaías, ed. de María Carmen Pinillos, Kassel, Reichenberger, 1996.
La dama duende, ed., prólogo y notas de Fausta Antonucci, estudio preliminar de Marc Vitse, Barcelona, Crítica, 1999.
Darlo todo y no dar nada, ed. de Erik Coenen, Madrid y Frankfurt, Iberoamericana y Vervuert, en preparación.
De una causa dos efectos, en *Obras completas. Comedias*, ed. de Ángel Valbuena Briones, 2.ª ed., Madrid, Aguilar, 1987.
La desdicha de la voz, en *Obras completas. Comedias*, ed. de Ángel Valbuena Briones, 2.ª ed., Madrid, Aguilar, 1987.
La devoción de la cruz, ed. de Manuel Delgado, Madrid, Cátedra, 2000.
Duelos de amor y lealtad, en *Obras completas. Dramas*, ed. de Ángel Valbuena Briones, 5.ª ed. revisada, Madrid, Aguilar, 1987.
Los empeños de un acaso, en *Obras completas. Comedias*, ed. de Ángel Valbuena Briones, Madrid, 2.ª ed., Madrid, Aguilar, 1987.
Enseñarse a ser buen rey (atribuida), Suelta s.f., s.l. (BN, T/55309/4).
La fiera, el rayo y la piedra, ed. de Aurora Egido, Madrid, Cátedra, 1989.
El galán fantasma, en *Casa con dos puertas, mala es de guardar. El galán fantasma*, ed. de José Romera Castillo, Barcelona, Plaza y Janés, 1984.
La gran Cenobia, en *Comedias I. Primera parte de comedias*, ed. de Luis Iglesias Feijoo, Madrid, Fundación José Antonio de Castro, 2007.
Guárdate del agua mansa, en *El agua mansa/Guárdate del agua mansa*, ed. de Ignacio Arellano y Víctor García Ruiz, Kassel, Reichenberger y Universidad de Murcia, 1989.
Gustos y disgustos son no más que imaginación, en *Obras completas. Comedias*, ed. de Ángel Valbuena Briones, 2.ª ed., Madrid, Aguilar, 1987.
Las manos blancas no ofenden, ed. de Ángel Martínez Blasco, Kassel, Reichenberger, 1995.
La niña de Gómez Arias, ed. de Carmen Iranzo, Valencia, University of North Carolina, 1974 (con la comedia homónima de Luis Vélez de Guevara).
Luis Pérez el gallego, en *Obras completas. Dramas*, ed. de Ángel Valbuena Briones, 5.ª ed. revisada, Madrid, Aguilar, 1987.
Mañanas de abril y mayo, en *Comedias III. Tercera parte de comedias*, ed. de D. W. Cruickshank, Madrid, Fundación José Antonio de Castro, 2007.

El Médico de su honra, ed. de Ana Armendáriz Aramendía, Madrid y Frankfurt, Universidad de Navarra, Vervuert e Iberoamericana, 2007.
No hay burlas con el amor, en *Love is no laughing matter. No hay burlas con el amor*, ed. y trad. de D. W. Cruickshank y Seán Page, Warminster, Aris & Phillips, 1986.
Para vencer amor, querer vencerle, en *Obras completas. Comedias*, ed. de Ángel Valbuena Briones, 2.ª ed., Madrid, Aguilar, 1987.
Peor está que estaba, en *Comedias I. Primera parte de comedias*, ed. de Luis Iglesias Feijoo, Madrid, Fundación José Antonio de Castro, 2007.
El pintor de su deshonra, en *El médico de su honra / El pintor de su deshonra*, ed. de Ángel Valbuena Briones, Madrid, Espasa-Calpe (Clásicos Castellanos), 1978.
La púrpura de la rosa, en *Obras completas. Dramas*, ed. de Ángel Valbuena Briones, 5.ª ed., Madrid, Aguilar, 1987.
Saber del mal y el bien, en *Comedias I. Primera parte de comedias*, ed. de Luis Iglesias Feijoo, Madrid, Fundación José Antonio de Castro, 2007.
La selva confusa, Manuscrito 75 Res. de la Biblioteca Nacional, Madrid.
La señora y la criada, en *Obras completas. Comedias*, ed. de Ángel Valbuena Briones, 2.ª ed., Madrid, Aguilar, 1987.
La torre de Babilonia, en Autos sacramentales, II, ed. de Enrique Rull Fernández, Madrid, Fundación José Antonio de Castro, 1997.
On the boards and in the press. Calderón's «Las tres justicias en una», ed. de Isaac Benabu, Kassel, Reichenberger, 1991.
El veneno y la triaca, en *Autos sacramentales*, I, ed. de Enrique Rull Fernández, Madrid, Fundación José Antonio de Castro, 1996.
La vida es sueño, ed. de Ciriaco Morón, Madrid, Cátedra, 1985.
Yerros de Naturaleza y aciertos de la Fortuna (en colaboración con Antonio Coello), ed. de Eduardo Juliá Martínez, Madrid, Hernando, 1930.

OBRAS ANTERIORES A 1800 DE OTROS AUTORES

BANCES CANDAMO, Francisco, *Theatro de los theatros de los passados y presentes siglos*, ed. de Duncan W. Moir, Londres, Tamesis, 1970.
CASCALES, Francisco, *Tablas poéticas*, ed. de Benito Brancaforte, Madrid, Espasa-Calpe, 1975.

Castro, Guillén de, *Los mal casados de Valencia,* ed. de Luciano García Lorenzo, Madrid, Castalia, 1976.
Claramonte, Andrés de, *La Estrella de Sevilla,* ed. de Alfredo Rodríguez López-Vázquez, Madrid, Cátedra, 1991.
López Pinciano, Alonso, *Obras completas, I. Philosophía antigua poética,* Madrid, Fundación José Antonio de Castro, 1998.
Martínez de Toledo, Alfonso, *Arcipreste de Talavera o Corbacho,* ed. Michael Gerli, Madrid, Cátedra, 1987.
Mesnardière, Jules de la, *La poëtique,* París, Antoine de Sommaville, 1640, ed. en facsímil; Ginebra, Slatkine Reprints, 1972.
Tirso de Molina, *El amor médico,* en *Obras completas. Cuarta parte de comedias,* I, ed. del Instituto de Estudios Tirsianos, dirigida por Ignacio Arellano, Pamplona, GRISO, 1999.
— *Antona García,* en *Obras completas. Cuarta parte de comedias,* I, ed. del Instituto de Estudios Tirsianos, dirigida por Ignacio Arellano, Pamplona, GRISO, 1999.
— *Averígüelo Vargas,* en *Comedias,* II, ed. de Alonso Zamora Vicente y María Josefa Carillada de Zamora, Madrid, Espasa-Calpe, 1969.
— *Doña Beatriz de Silva,* en *Obras completas. Cuarta parte de comedias,* I, ed. del Instituto de Estudios Tirsianos, dirigida por Ignacio Arellano, Pamplona, GRISO, 1999.
— *La lealtad contra la envidia (La trilogía de los Pizarros,* IV), ed. de Miguel Zugasti, Kassel, Reichenberger, 1993.
— *Siempre ayuda la verdad,* en *Obras de Tirso de Molina* VII (BAE), ed. de María del Pilar Palomo, Madrid, Atlas, 1971.
— *Por el sótano y el trono,* ed. de Alonso Zamora Vicente, Madrid, Castalia y Comunidad de Madrid, 1994.
Vega, Lope de, *Las almenas de Toro,* en *Trezena parte de Comedias,* Madrid, Viuda de Alonso Martín, 1620.
— *Arte nuevo de hacer comedias,* ed. de Enrique García Santo-Tomás, Madrid, Cátedra, 2006.
— *El castigo sin venganza,* ed. de Antonio Carreño, Madrid, Cátedra, 2005.
— *Los comendadores de Córdoba,* en *Comedias,* V, Madrid, Turner/Fundación José Antonio de Castro, 1993.
— *Los españoles en Flandes, Comedias,* XIII, ed. de Jesús Gómez y Paloma Cuenca, Madrid, Fundación José Antonio de Castro, 1997.
— *El labrador del Tormes,* en *Obras de Lope de Vega publicadas por la RAE,* XII, Madrid, Imprenta de Galo Sáez, VII, 1930.
— *La mayor virtud de un Rey,* en *Obras de Lope de Vega publicadas por la RAE,* XII, Madrid, Imprenta de Galo Sáez, 1930.
— *El mejor alcalde, el rey,* ed. de Frank P. Casa y Berislav Primorac, Madrid, Cátedra, 1993.

— *Novelas a Marcia Leonarda*, ed. de Antonio Carreño, Madrid, Cátedra, 2002.
— *Peribáñez y el Comendador de Ocaña*, ed. de Juan María Marín, Madrid, Cátedra, 1985.
— *El toledano vengado*, en *Obras de Lope de Vega publicadas por la RAE*, II, Madrid, Imprenta de Galo Sáez, 1916.

*A secreto agravio,
secreta venganza*

¡Oh mal haya tanto honor!

(Toante en Calderón,
Duelos de amor y lealtad)

PERSONAS QUE HABLAN EN ELLA

EL REY DON SEBASTIÁN.
DON LOPE DE ALMEIDA.
DON JUAN DE SILVA.
DON LUIS DE BENAVIDES.
DON BERNARDINO, viejo.
DUQUE DE BERGANZA.
Gente de acompañamiento.
DOÑA LEONOR, dama.
SIRENA, criada.
MANRIQUE, gracioso.
CELIO, criado.
UN BARQUERO.
DOS [HOMBRES].

Primera jornada

(Salen el Rey don Sebastián, don Lope de Almeida, Manrique *y acompañamiento.)*

Don Lope.   Otra vez, gran señor, os he pedido
esta licencia, y otra habéis tenido
por bien mi casamiento;
mas yo, que siempre a tanta luz atento
vivo en vuestro semblante, vengo a daros   5
cuenta de mi elección, y a suplicaros
que en vuestra gracia pueda
colgar las armas, y que Marte ceda
a Amor la gloria, cuando en paz reciba,
en vez de alto laurel, sagrada oliva.   10
Yo os he servido, y solamente espero

1-21 *Otra vez ... vuestra persona:* la comedia empieza con una silva pareada, forma métrica en que se alternan con cierta libertad endecasílabos y heptasílabos, aunque con tendencia a los pares formados por un heptasílabo seguido por un endecasílabo. Es frecuente en Calderón empezar sus comedias de tema serio con esta forma, como atestiguan *La vida es sueño, Los cabellos de Absalón, Las tres justicias en una, La gran Cenobia, La cisma de Ingalaterra* o *La hija del aire;* en otras comedias, la silva suele acompañar una situación inicial de cierta gravedad: un intento de fratricidio *(La selva confusa),* un terremoto *(La fiera, el rayo y la piedra),* la fuga de un homicida *(El alcaide de sí mismo),* etc.

10 *laurel ... oliva:* el laurel está asociado a la guerra porque de él se hacen las coronas triunfales (a las que alude también el v. 20), mientras la oliva está asociada a la paz. La oposición viene a ser, pues, equivalente a la de los versos 8-9 entre los dioses Marte y Amor.

	esta merced por galardón postrero,	
	pues con esta licencia venturosa	
	hoy saldré a recibir mi amada esposa.	
Rey.	Yo estimo vuestro gusto y vuestro	
	[aumento,	15
	y a no estar ocupado	
	en la guerra que en África he intentado,	
	fuera vuestro padrino.	
Don Lope.	Eterno dure ese laurel divino	
	que tus sienes corona.	20
Rey.	Estimo en mucho yo vuestra persona.	

(Vase el Rey y acompañamiento.)

Manrique.	Contento estás.	
Don Lope.	Mal supiera	
	la dicha y la gloria mía	
	disimular su alegría.	
	¡Felice yo si pudiera	25
	volar hoy!	
Manrique.	Al viento igualas.	
Don Lope.	Poco aprovecha, que el viento	
	es perezoso elemento.	

---

17 *la guerra que en África he intentado:* referencia al proyecto militar del rey Sebastián en Marruecos que llevaría a la aplastante derrota de Alcazarquivir, en la que morirá el rey con otros muchos caballeros portugueses (1578). El público contemporáneo habrá tenido presente este hecho histórico.

22-81 *Contento estás ... atento:* al quedar sólo don Lope con su criado, Calderón cambia de versificación, y pasa a las redondillas: estrofa de uso muy frecuente en la comedia del Siglo de Oro, que por su poca extensión (cuatro versos octosílabos, *abba)* y su fácil manejo permite dar velocidad y agilidad al diálogo.

27-28 *el viento / es perezoso elemento:* identificación del viento con el aire, uno de los cuatro elementos que se suponía constituyen toda la materia sublunar (los otros tres son la tierra, el agua y el fuego). Por supuesto, no se solía considerarlo lento («perezoso»), más bien lo contrario; pero a don Lope se lo parece, en comparación con sus propias prisas. Como he señalado en mi introducción, son constantes en *A secreto agravio, secreta venganza* las referencias a los cuatro elementos, muchas de ellas metafóricas, que prefiguran el papel crucial del agua y del fuego en el desenlace. Compárense, unos versos más abajo, las expresiones «olas de viento» y «[olas] de fuego».

	¡Diérame el amor sus alas!	
	Volara abrasado y ciego,	30
	pues quien al viento se entrega	
	olas de viento navega,	
	y las de amor son de fuego.	
Manrique.	Para que desengañarme	
	pueda creyendo que tienes	35
	causa, dime a lo que vienes	
	con tanta prisa.	
Don Lope.	A casarme.	
Manrique.	¿Y no miras que es error,	
	digno de que al mundo asombre,	
	que vaya a casarse un hombre	40
	con tanta prisa, señor?	
	Si hoy que te vas a casar	
	del mismo viento te quejas,	
	¿qué dejas que hacer, qué dejas	
	para cuando has de enviudar?	45

(Sale Don Juan de Silva, *vestido pobremente.)*

Don Juan.	*(Ap.* ¡Cuán diferente pensé	
	volver a ti, patria mía,	
	aquel infelice día	
	que tus umbrales dejé!	
	¡Quién no te hubiera pisado!,	50
	pues siempre mejor ha sido	
	adonde no es conocido	
	vivir el que es desdichado.	
	Gente hay aquí; no es razón	
	verme en el mal que me veo.)	55

29-30 *diérame el amor sus alas, / volara abrasado y ciego:* don Lope se refiere a las alas del niño-dios Cupido, representado en la iconografía con los ojos vendados («ciego»), y asociado al «fuego» de la pasión («abrasado»).

44-45 *¿qué dejas que hacer, qué dejas / para cuando has de enviudar?:* broma antinupcial habitual en los graciosos de Calderón. Compárese, en *Para vencer amor, querer vencerle,* el comentario de Espolín ante una alegría similar en su amo: «es fuerza que dudes / qué has de hacerte cuando enviudes / si esto haces cuando te casas» (pág. 533).

(Ve DON LOPE *a* DON JUAN.*)*

DON LOPE. Pero aguarda... ¡no lo creo!
 ¿Si es verdad? ¿Si es ilusión?
 ¿Don Juan?
DON JUAN. ¿Don Lope?
DON LOPE. Dudoso
 de tanta dicha, mis brazos
 han suspendido sus lazos. 60

(Vale a abrazar y detiénele [DON JUAN].*)*

DON JUAN. Deteneos, que es forzoso
 que me defienda de quien
 tanto honor y valor tiene;
 que hombre que tan pobre viene,
 don Lope amigo, no es bien 65
 que toque —¡oh suerte importuna!—
 pecho de riquezas lleno.
DON LOPE. Vuestras razones condeno,
 porque si da la fortuna
 humanos bienes del suelo, 70
 el cielo un amigo da
 como vos: ¡ved lo que va
 desde la fortuna al cielo!
DON JUAN. Aunque hacéis que aliento cobre,
 en mí mayor mal está: 75
 ¡mirad cuán grande será
 mal que es mayor que ser pobre!
 Y porque mi sentimiento
 algún alivio prevenga,
 si es posible que le tenga, 80
 escuchad, don Lope, atento.
 A la conquista famosa

69-71 *fortuna ... el cielo:* don Lope contrasta la diosa Fortuna, como distribuidora de los bienes materiales («del suelo»), con el reino celeste, al que pertenece, como bien espiritual, la amistad.

82-273 *A la conquista ... honra y favor:* al iniciar don Juan la narración de sus peripecias en el Oriente, Calderón cambia otra vez de versificación, y pasa de

> de la India, que eligió
> para su tumba la noche
> y para su cuna el sol, 85
> amigos, y tan amigos,
> pasamos juntos los dos
> que asistieron en dos cuerpos
> un alma y un corazón.
> No codicia de riqueza, 90
> sino codicia de honor,
> obligó nuestros deseos
> a tan atrevida acción
> como tocar con bajeles
> la provincia que ignoró 95
> por tantos años la ciencia,
> nunca creída hasta hoy.
> La nobleza lusitana
> de su fortuna fió
> naves, que ciertas exceden 100
> las fingidas de Jasón.
> Dejo esta alabanza a quien

---

las redondillas al romance. Tradicionalmente empleado sobre todo en la poesía narrativa, el romance mantiene a menudo esa función en la comedia nueva, cuando un personaje narra sucesos ocurridos fuera del escenario o anteriores a la acción dramática. Lope de Vega recogió esta práctica en su *Arte nuevo de hacer comedias* («las relaciones piden los romances», v. 309). Calderón suele anunciar tales relaciones con palabras como las de don Juan aquí: «escuchad, don Lope, atento».

82-83 *la conquista famosa / de la India:* la fundación del imperio colonial portugués en Oriente.

95-96 *la provincia que ignoró / por tantos años la ciencia:* los portugueses llegaron más allá de lo conocido por los geógrafos y cartógrafos de la Antigüedad.

99 *fió:* diéresis exigida por el silabeo, como más adelante «crïados», «crüel», «süave», «virtüosa», «fïel».

100-101 *naves, que ciertas exceden / las fingidas de Jasón:* Jasón fue un héroe mítico de la Antigüedad celebrado por la peligrosa expedición en busca del vellocino de oro que emprendió en la nave Argo con los «argonautas». Don Juan compara, pues, las naves portuguesas con la nave fabulosa Argo, y su expedición con la de los argonautas; acaso Calderón recuerda aquí su lectura de los *Lusíadas* de Camoens, donde figura una comparación similar (I, estrofa 18).

pueda con más dulce voz
contar los famosos hechos
de esta invencible nación,   105
porque el gran Luis de Camoes,
escribiendo lo que obró,
con pluma y espada muestra
ya el ingenio, ya el valor
en esta parte. Después,   110
don Lope invicto, que vos
por muerte de vuestro padre
volvisteis, me quedé yo,
bien sabéis con cuánta fama
de amigos y de opinión,   115
que agora, perdidos, hacen
el sentimiento mayor.
Pero, en efeto, es consuelo:
¡ved si desgraciado soy!,
que nunca le di, malquisto,   120
a la fortuna ocasión.
Había en Goa una señora,
hija de un hombre a quien dio
grande cantidad de hacienda
codicia y contratación.   125
Era hermosa, era discreta,
que, aunque enemigas las dos

---

106 *Luis de Camoes:* se trata, desde luego, del poeta más importante del Renacimiento en lengua portuguesa, conocido sobre todo por el poema épico al que alude don Juan, los *Lusiadas,* en el que narró las hazañas de los portugueses allende el mar, en las que participó (de ahí las palabras de don Juan: «escribiendo lo que obró»). Camoens dedicó el poema al rey Sebastián.

115 *opinión:* 'reputación', y en consecuencia, 'honra'.

118 *efeto:* simplificación del grupo consonántico, habitual en textos de la época. La conservo por su frecuente importancia para la rima (como en el v. 677), lo mismo que «concetos» (v. 859).

122 *Goa:* región del oeste de la India, cuyo puerto fue de gran importancia en el imperio colonial portugués.

123-125 *dio / grande cantidad de hacienda / codicia y contratación:* aunque el verbo va en singular, el sujeto parece ser «codicia y contratación»: al padre de Violante le han hecho rico su codicia y el comercio marítimo.

en ella hicieron las paces
hermosura y discreción.
Servila tan venturoso 130
que merecí algún favor;
pero ¿quién ganó al principio
que a la postre no perdió?,
¿quién fue antes tan felice
que después no declinó?, 135
porque son muy parecidos
juego, fortuna y amor.
Don Manuel de Sosa, un hombre
—hijo del gobernador
Manuel de Sosa— por sí 140
de mucha resolución,
muy valiente, muy cortés,
bizarro y cuerdo —que yo,
aunque le quité la vida,
no he de quitarle el honor—, 145
de Violante enamorado
—que este es el nombre que dio
ocasión a mi ventura
y a mi desdicha ocasión—,
en Goa públicamente 150
era mi competidor.
Poco cuidado me daba
su amorosa pretensión,
porque siendo, como era,
el favorecido yo, 155
la pena del despreciado
hizo mi dicha mayor.
Un día que el sol hermoso
salía —¡pluguiera a Dios
sepultara eterna noche 160
su continuo resplandor!—,
salió con el sol Violante;
bastaba pedirle yo
que aun el uno no saliera,
para que salieran dos. 165
De crïados rodeada

a la marina llegó,
donde estaba mucha gente,
porque en aquella ocasión
había llegado una nave 170
al puerto, y su admiración
dio causa a aqueste concurso...
¡y a mi desdicha la dio!
Estábamos en un corro
de mucha gente los dos, 175
todos soldados y amigos,
cuando a la vista pasó
Violante. Iba tan airosa
que allí ninguno dejó
de poner el alma en ella, 180
porque su planta veloz
era el móvil que llevaba
tras sí la imaginación.
Dijo un capitán: «¡Qué bella
mujer!», a quien respondió 185
don Manuel: «Y como tal
ha sido la condición».
«¿Será crüel?». «No por eso
lo digo —le replicó—,
sino por ver que ha escogido, 190
como hermosa, lo peor».
Yo entonces dije: «Ninguno
sus favores mereció,
porque no hay quien los merezca,
y si hay alguno, soy yo». 195
«¡Mentís!», dijo. Aquí no puedo
proseguir, porque la voz
muda, la lengua turbada,
frío el pecho, el corazón
palpitante, los sentidos 200
muertos y vivo el dolor,
quedan repitiendo aquella
afrenta. ¡Oh tirano error
de los hombres! ¡Oh vil ley
del mundo! ¡Que una razón, 205

o que una sinrazón, pueda
manchar el altivo honor
tantos años adquirido,
y que la antigua opinión
de honrado quede postrada   210
a lo fácil de una voz!
¡Que el honor, siendo un diamante,
pueda un frágil soplo —¡ay Dios!—
abrasarle y consumirle,
y que, siendo su esplendor   215
más que el sol puro, un aliento
sirva de nube a este sol!
Mucho del caso me aparto,
llevado de la pasión;
perdonad, vuelvo al suceso.   220
Apenas él pronunció
tales razones, don Lope,
cuando mi espada veloz
pasó de la vaina al pecho,
tal que a todos pareció   225
que imitaron trueno y rayo
juntas mi espada y su voz.
Bañado en su misma sangre
muerto en la arena cayó,
cuando para mi defensa   230
tomé una iglesia, a quien dio
en aquel sitio lugar
la sagrada religión
de Francisco; que por ser
su padre el gobernador,   235
me fue forzoso esconderme,

---

231 *tomé una iglesia:* las iglesias eran sagrados ('lugar que, por privilegio, podía servir de refugio a los delincuentes', *DRAE).* Es tentador relacionar este lance con un episodio biográfico de Calderón, producido en 1628, cuando una riña le hizo perseguir al actor Pedro de Villegas hasta dentro del convento de las Monjas Trinitarias, donde había buscado refugio. Para los detalles, véase Cotarelo, *Ensayo...,* pág. 131.

231-234 *una iglesia ... de Francisco:* una iglesia franciscana, obra de misioneros franciscanos.

      con tanto asombro y temor
      que tres días un sepulcro
      habité vivo. ¿Quién vio
      que, siendo el contrario el muerto,   240
      fuese el sepultado yo?
      Al cabo de los tres días,
      por amistad y favor,
      el capitán de la nave
      que a nuestros puertos llegó   245
      y que a Lisboa venía,
      en ella me recibió
      una noche cuyo manto
      fue de mi vida ocasión.
      En esta nave escondido   250
      estuve hasta que el veloz
      monstruo del viento y del agua
      los piélagos dividió
      de Neptuno. ¡Injusto engaño
      de la vida! ¡O su pasión   255
      no dé por infame al hombre
      que sufre su deshonor,
      o le dé por disculpado
      si se venga!, que es error
      dar a la afrenta castigo   260
      y no al castigo perdón.
      Hoy he llegado a Lisboa,
      adonde tan pobre estoy
      que no osaba entrar en ella.
      Estas mis fortunas son,   265
      ya no tristes, sino alegres,
      pues me dieron ocasión

---

252 *monstruo:* con el sentido más habitual en el Siglo de Oro de fabuloso híbrido de diversas especies naturales; aquí, por extensión, híbrido de dos elementos, aire y agua.

255-261 *O su pasión ... perdón:* Calderón pone en boca de don Juan el problema que plantea a su público en los dramas de uxoricidio: mientras se considere infame a quien «sufre» (no venga) su deshonra, no es razonable castigar a quien se venga.

| | de llegar a vuestros brazos.
| | Estos mil veces os doy,
| | si un hombre tan infelice   270
| | puede merecer de vos,
| | ¡oh gran don Lope de Almeida!,
| | tal merced, honra y favor. *(Abrázanse.)*
Don Lope. | Atentamente escuché,
| | don Juan de Silva, las quejas   275
| | que, en lágrimas anegadas,
| | dais desde el pecho a la lengua;
| | y atentamente he pensado
| | que no hay opinión que pueda,
| | por más sutil que discurra,   280
| | tener dudosa la vuestra.
| | ¿Quién, en naciendo, no vive
| | sujeto a las inclemencias
| | del tiempo y de la fortuna?
| | ¿Quién se libra, quién se excepta   285
| | de una intención mal segura,
| | de un pecho doble que alienta
| | la ponzoña de una mano
| | y el veneno de una lengua?
| | Ninguno. Solo dichoso   290
| | puede llamarse el que deja,
| | como vos, limpio su honor
| | y castigada su ofensa.
| | Honrado estáis, negras sombras
| | no deslustren, no oscurezcan   295
| | vuestro honor antiguo; y hoy
| | en nuestra amistad se vea

274-391 *Atentamente ... doncella:* al acabar don Juan su relación, Calderón cambia de asonancia, y pasa a un romance en *é-a* que mantendrá hasta el final del cuadro. No es muy habitual que figuren dos romances seguidos en una comedia de Calderón, pero cuando ocurre, suele ser en situaciones como esta, con dos monólogos largos seguidos.

279-281 *no hay opinión ... la vuestra:* juego con diferentes sentidos de «opinión»: nadie puede formarse una «opinión» ('un juicio') que ponga en duda la opinión ('el honor') de don Juan.

                    la virtud de aquellas plantas
                    tan conformemente opuestas
                    que una con calor consume							300
                    y otra con frialdad penetra,
                    y son veneno las dos,
                    y estando juntas, se templan
                    de suerte que son entonces
                    salud más segura y cierta.							305
                    Vos estáis triste, yo alegre;
                    partamos la diferencia
                    entre los dos y, templando
                    el contento y la tristeza,
                    queden en igual balanza							310
                    mi alegría y vuestra pena,
                    mi gusto y vuestro dolor,
                    mi ventura y vuestra queja;
                    porque el pesar ni el placer
                    matar a ninguno pueda.							315
                    Yo me he casado en Castilla,
                    por poder, con la más bella
                    mujer —mas para ser propia
                    es lo menos la belleza—,
                    con la más noble, más rica,							320
                    más virtüosa y más cuerda
                    que pudo en el pensamiento
                    hacer dibujos la idea.
                    Doña Leonor de Mendoza
                    es su nombre, y hoy con ella							325
                    don Bernardino, mi tío,

298-305 *la virtud de aquellas plantas ... salud más segura y cierta:* tópico en Calderón, que aplica también en *La gran Cenobia* («Dos plantas hay con divina / virtud, que sin duda alguna / son veneno cada una / y juntas son medicina», pág. 383), *La hija del aire II* («dos plantas / que los naturales cuentan / que son cada una un veneno, / y estando juntas se templan / de suerte, que son entonces / la medicina más cierta», vv. 1565-1570) y, en un contexto casi idéntico al presente caso, *Peor está que estaba* («Escriben los naturales / de dos plantas diferentes / que son venenos y, estando / juntas las dos, de tal suerte / se templan que son sustento», pág. 906). La fuente es sin duda la *Naturalis historia* de Plinio.

                    llegará a Aldea Gallega,
                    donde salgo a recibilla
                    con tan venturosas muestras
                    como veis; y un bello barco,   330
                    que las ondas lisonjea
                    del Tajo por no haber visto
                    tan hermoso cisne en ellas,
                    la está esperando, y un alma
                    tan venturosa la espera   335
                    que juzga por perezosas
                    hoy del tiempo las ligeras
                    alas; porque el bien que tarda,
                    no llega bien cuando llega.
                    Esta es mi dicha, mayor   340
                    por ver cuánto la acrecienta
                    vuestra venida, don Juan.
                    No os dé temor, no os dé pena
                    venir pobre. Rico soy;
                    mi casa, amigo, mi mesa,   345
                    mis caballos, mis crïados,
                    mi honor, mi vida, mi hacienda,
                    todo es vuestro. Consolaos
                    de que la fortuna os deja
                    un amigo verdadero   350
                    y que no ha tenido fuerza
                    contra vos; que no os quitó
                    este valor que os alienta,
                    esta alma que os anima,
                    este pecho que os granjea   355
                    y este brazo que os estima.
DON JUAN.   Dejad que bese la tierra...

356-358 *y este brazo ... dejad:* así sólo en el manuscrito. En los testimonios impresos, don Juan todavía no toma la palabra, y estos cuatro versos son sustituidos por dos: «y este brazo que os defienda. / No me respondáis, dejad». Véase el apartado «Esta edición», págs. 85-87.

356 *estima:* en el manuscrito, «estime». Enmiendo de acuerdo con el indicativo de los versos anteriores.

121

(Échase a sus pies y levántale DON LOPE.)

DON LOPE.	No me enternezcáis, dejad
	las cortesanas finezas
	—entre amigos excusadas— 360
	y venid a donde sea
	testigo vuestra persona
	de la dicha que me espera;
	que hoy en Lisboa ha de entrar
	mi esposa, y estas tres leguas 365
	de mar —para mí de fuego—
	hemos de venir con ella,
	que de esotra parte está
	sin duda.
DON JUAN.	Pues no pretenda
	con mi humildad deslucirse, 370
	don Lope, vuestra nobleza,
	porque el mundo no la sangre
	sino el vestido respeta.
DON LOPE.	Ese es engaño del mundo,
	que no ve ni considera 375
	que al cuerpo le viste el oro,
	pero al alma la nobleza.
	Venid conmigo. *(Ap.* ¡Suspiros,
	ofreced viento a las velas,
	si es que en los mares de fuego 380
	bajeles de amor navegan!)

(Vanse los dos.)

MANRIQUE.	Yo me quiero adelantar
	en alguna barca de estas
	que llaman muletas, y hoy,
	siendo cojo con muletas, 385
	pedir a mi nueva ama

---

384 *muleta:* en portugués, un pequeño barco pesquero.

| | las albricias de que llega
su esposo; que el primer día
da las albricias cualquiera,
porque sale de forzada,
si es lo mismo que doncella. *(Vase.)* | 390 |

(Sale DON BERNARDINO, *tío de* DON LOPE, *hombre mayor, y* DOÑA LEONOR, *triste, y* SIRENA, *criada, todos de camino.)*

| D. BERNARDINO. | En la falda lisonjera
de este monte coronado
de flores, donde ha llamado
a cortes la primavera,
puedes descansar, en tanto,
bella Leonor, que dichoso
llega don Lope, tu esposo;
y suspende el dulce llanto,
aunque no es gran maravilla
que con sentimiento igual
a vista de Portugal
te despidas de Castilla. | 395

400 |

---

387 *albricias:* 'lo que se da al que nos trae algunas buenas nuevas' *(Cov.)*. La expresión «pedir albricias» es muy habitual en textos de la época.

390-391 *sale de forzada, / si es lo mismo que doncella:* debe ser un juego de palabras, ya que los conceptos de «doncella» ('virgen') y «forzada» (forzar 'a veces significa conocer una mujer contra su voluntad', *Cov.)* se contradicen. Lo que Manrique quiere decir parece ser que las vírgenes solo lo son porque sus padres no les permiten tener relaciones sexuales, «forzando» así su voluntad. También cabe pensar en los condenados a las galeras, que asimismo eran conocidos como «forzados».

392-395 *En la falda ... primavera:* el escenario se ha quedado vacío, y han salido personajes nuevos. El cambio es marcado por una transición en la versificación (redondillas) y por la hábil inserción en el texto de una indicación del lugar donde transcurre la acción que se va a representar. Esta indicación concreta debe de haber sido muy del gusto de Calderón, ya que usó una redondilla casi idéntica con la misma función en *Amar después de la muerte* (vv. 1331-1334) y, convertida en quintilla, también en los autos *El veneno y la triaca* y *La torre de Babilonia* (págs. 371 y 169, respectivamente). La continua demanda de comedias nuevas imponía a los poetas dramáticos un elevado ritmo de trabajo, y tales reciclajes eran una parte habitual de sus estrategias para conseguirlo.

Doña Leonor.	Ilustre don Bernardino
	de Almeida, mi tierno llanto 405
	no es ingratitud a tanto
	honor como me previno
	la suerte y la dicha mía;
	viendo tan cercano el bien,
	gusto ha sido, que también 410
	hay lágrimas de alegría.
D. Bernardino.	Cuerdamente te disculpa
	la discreción lisonjera,
	y aunque por disculpa fuera,
	te agradeciera la culpa. 415
	Yo quiero dar más lugar
	a divertir la porfía
	de aquesta melancolía.
	Aquí puedes descansar,
	venciendo el rigor aquí 420
	del sol que en sus rayos arde.
	El cielo tu vida guarde. *(Vase.)*
Doña Leonor.	¿Fuese ya, Sirena?
Sirena.	Sí.
Doña Leonor.	¿Óyenos alguien?
Sirena.	Sospecho
	que estamos solas las dos. 425
Doña Leonor.	Pues salga mi pena, ¡ay Dios!,
	de mi vida y de mi pecho;
	salga en lágrimas deshecho
	el dolor que me provoca

---

413 *discreción:* 'la cosa dicha o hecha con buen juicio' *(Cov.)*; aquí más bien el buen juicio mismo. La palabra, derivada del verbo «discernir», ocupó un lugar central en el pensamiento barroco, como atestigua el *Discreto* de Gracián.

417 *divertir:* 'distraerte de'.

424-513 *¿Óyenos alguien?* ... *del honor:* la secuencia de redondillas se interrumpe para dar lugar a una serie de décimas, de acuerdo con el uso de esta forma practicado y aconsejado por Lope de Vega («las décimas son buenas para quejas», *Arte nuevo*, v. 307). Al acabar Leonor su lamentación, se retomarán las redondillas.

	el fuego que al alma toca,	430
	remitiendo sus enojos	
	en lágrimas a los ojos	
	y en suspiros a la boca;	
	y sin paz y sin sosiego	
	todo lo abrasen veloces,	435
	pues son de fuego mis voces	
	y mis lágrimas de fuego.	
	Abrasen, cuando navego	
	tanto mar y viento tanto,	
	mi vida y mi fuego cuanto	440
	consume el fuego violento,	
	pues mi voz es fuego y viento,	
	mis lágrimas fuego y llanto.	
SIRENA.	¿Qué dices, señora? Advierte	
	en tu peligro y tu honor.	445
DOÑA LEONOR.	Tú, que sabes mi dolor,	
	tú, que conoces mi muerte,	
	¿me reportas de esa suerte?	
	Tú, ¿de mi llanto me alejas?	
	Tú, ¿que calle me aconsejas?	450
SIRENA.	Tu inútil queja escuchando	
	estoy.	
DOÑA LEONOR.	¡Ay, Sirena! ¿Cuándo	
	son inútiles las quejas?	
	Quéjase una flor constante	
	si el aura sus hojas hiere	455
	cuando el sol caduco muere	
	en túmulos de diamante;	
	quéjase un monte arrogante	
	de las injurias del viento	
	cuando le ofende violento;	460

---

430 *fuego:* nótese la abrumadora presencia de la voz «fuego» en este breve monólogo, que resonará en el «¡Fuego, fuego!» del verso 2642, asimilando el fuego metafórico de la pasión amorosa de Leonor con el fuego literal y destructor en que morirá. Véase nuestra Introducción, págs. 71-77.

y el eco, ninfa vocal,
quejándose de su mal,
responde el último acento.
   Quéjase, porque amar sabe,
una hiedra si perdió   465
el duro tronco que amó;
y con acento süave
se queja una simple ave
cuando le falta su unión,
y en amorosa prisión   470
así aliviarse pretende;
que al fin la queja se entiende
si se ignora la canción.
   Quéjase el mar a la tierra
cuando en lenguas de agua toca   475
los labios de opuesta roca.
Quéjase el fuego si encierra
rayos que al mundo hacen guerra.
¿Qué mucho, pues, que mi aliento
se rinda al dolor violento,   480
si se quejan monte, piedra,
ave, flor, eco, sol, hiedra,
tronco, rayo, mar y viento?

SIRENA.   Sí, mas ¿qué remedio así
consigues, desesperada?   485
Don Luis muerto y tú casada,
¿qué pretendes?

DOÑA LEONOR.   ¡Ay de mí,
di, Sirena hermosa, di
don Luis muerto y muerta yo!
Pues si el cielo me forzó,   490

---

461 *ninfa vocal:* alusión a la Eco mitológica, una ninfa cuya historia narra Ovidio en el libro tercero de las *Metamorfosis*. Calderón reelaboró el mito en su comedia palaciega *Eco y Narciso*.

469 *cuando le falta su unión:* recoloco este verso, que solo figura en el manuscrito, adoptando la intervención de Santiago Fernández Mosquera en su edición de la comedia; véase el apartado «Esta edición», pág. 90.

me verás en esta calma
sin gusto, sin ser, sin alma,
muerta sí, casada no.
   Lo que yo una vez amé,
lo que una vez aprendí,   495
podré perderlo, ¡ay de mí!,
olvidarlo no podré.
¿Olvido donde hubo fe?
Miente amor. ¿Cómo se hallara
burlada verdad tan clara?   500
Pues la que constante fuera,
no olvidara si quisiera,
no quisiera si olvidara.
   ¡Mira tú lo que sentí
cuando su muerte escuché,   505
pues forzada me casé,
solo por vengarme en mí!
Ya la voz última aquí
se despida del dolor.
Hasta las aras, amor,   510
te acompañé; aquí te quedas,
porque atreverte no puedas
a las aras del honor.

(Sale MANRIQUE, *muy contento.)*

MANRIQUE.   ¡Dichoso yo que he llegado,
venturoso yo que he sido,   515
felice yo que he venido,
refelice yo que he dado
   el primero labio mío
a la estampa de ese pie
que, lleno de flores, fue   520
primavera en el estío!
   Y pues he llegado a vos,
beso y vuelvo a rebesar

---

491 *calma:* tal vez en el sentido de 'tierras que no se cultivan, ni tienen árbol o mata alrededor de ellas' *(Aut.),* usado aquí metafóricamente.

	cuanto se puede besar	
	sin ofender a mi Dios.	525
Doña Leonor.	¿Quién sois?	
Manrique.	El menor crïado	
	de don Lope mi señor,	
	mas no el hablador menor,	
	que veloz me he adelantado	
	por albricias de que viene.	530
Doña Leonor.	Descuido fue, bien decís;	
	tomad. ¿Y de qué servís	
	a don Lope?	

(Dale una cadena.)

Manrique.	Hombre que tiene	
	este humor, ¿ya no os avisa	
	que es gentilhombre su nombre?	535
Doña Leonor.	¿Y de qué sois gentilhombre?	
Manrique.	De la boca de la risa.	
	Crïado a quien le prefieren	
	a los mayores cuidados,	
	soy pendanga de crïados,	540
	hecha del palo que quieren:	
	cuando guardo, mayordomo;	

536-537 *¿Y de qué sois gentilhombre? / De la boca de la risa:* juego de palabras. Manrique afirma ser gentilhombre en el sentido de 'el que sirve con espada acompañando alguna persona principal, ya sea señor o señora' *(Aut.)*. Leonor entiende que es criado del Rey, entre los que se distinguían los gentilhombres «de cámara», los «de la casa», los «de manga» y los «de boca». En su respuesta, Manrique afirma ser de esta última categoría, pero en vez de estar al servicio de la «boca» del Rey sirviéndole en su mesa, se declara servidor de la «boca de la risa».

540 *pendanga:* 'comodín' ('llaman [pendanga] en el juego de quínolas a la sota de oros, porque tiene el privilegio de poderla hacer el que la tiene del palo o carta que quiere o le conviene', *Aut.);* Manrique dice ser entre los criados lo que es la pendanga entre los naipes. Es habitual en los graciosos calderonianos recurrir al léxico de los juegos de naipes.

542 *guardar:* tal vez en el sentido de guardar las fiestas, 'vacar de los oficios serviles' *(Cov.)*; o, más plausible, 'no gastar; ser tacaño' *(DRAE)*, puesto que el mayordomo tenía la vigilancia sobre los gastos de una casa.

cuando algún vestido espero
de mi amo, camarero;
maestresala cuando tomo 545
    para mí el mejor bocado;
secretario poco amigo
cuando sus secretos digo;
caballerizo extremado
    cuando, por no andar a pie, 550
con achaque de paseallo
salgo a caballo a la calle;
cuando alguna cosa fue
    tal que se guarda de mí,
soy entonces su veedor 555
y después su contador,
pues a todos desde allí
    lo cuento, a todos lo aviso;
cuando hurto lo que quiero
de la plata, repostero; 560

---

544 *camarero:* 'el criado que asiste a vestir [...] a su amo' *(Aut.)*.
545 *maestresala:* 'el ministro principal que asiste a la mesa del señor: trae a ella con los pajes la vianda, y la distribuye entre los que comen. Usa con el señor la ceremonia de gustar con buena gracia y galantería lo que se sirve a la mesa, por miedo del veneno' *(Aut.)*. Los goces de esta ceremonia son lo que interesa especialmente a Manrique.
547-548 *secretario ... cuando sus secretos digo:* el secretario escribía las cartas de su señor, por lo que conocía sus secretos (de ahí el nombre). La supuesta incapacidad de los criados (y de las mujeres) para guardar secretos es un tópico en la comedia del Siglo de Oro.
549 *caballerizo:* el caballerizo del Rey tenía el oficio de 'salir a caballo detrás del coche del Rey' *(Aut.)*.
551 *achaque:* 'metafóricamente significa ocasión, motivo o pretexto para hacer alguna cosa, y fingir otra' *(Aut.)*.
555-556 *veedor; contador:* el veedor es, literalmente, un 'criado de confianza que en las casas de los grandes vigilaba al despensero en la compra de bastimentos' *(DRAE)*; y el contador, 'contable'. Manrique les da el sentido de 'persona que ve cosas' y 'persona que las difunde'; se trata de nuevo, pues, del tópico del criado que no sabe guardar secretos, combinado con el del criado entrometido.
560 *repostero:* 'oficial en casa de señores que tiene cuidado de la plata' *(Cov.)*.

                    despensero cuando siso;
                  soy valiente cuando huyo,
                y soy su cochero el día
                que sus amores me fía;
                y así claramente arguyo   565
                  que soy por tan varios modos,
                sirviéndole siempre así,
                cada oficio de por sí
                y, murmurándole, todos.

(Hablan aparte.)

(Salen DON BERNARDINO *y* CELIO, *criado, y* DON LUIS *en hábito de mercader con gabán de camino.)*

DON LUIS.   Soy mercader y trato en los   570
               [diamantes
            que hoy son piedras y rayos fueron antes
            del sol, que perfecciona y ilumina
            rústico grano en abrasada mina.
            Paso desde Lisboa hasta Castilla,
            y en esta aldea vi la maravilla   575
            del cielo, reducida en una dama
            que acompañáis; y luego de la fama
            supe que va casada o a casarse.
            Y como suele en todas emplearse

---

561 *despensero*: 'se llama en Palacio el que, según las órdenes que le da el mayordomo mayor, cuida de hacer se dispongan y aderecen las viandas que se han de servir' *(Aut.)*.

563 *cochero:* 'el que tiene por oficio conducir y gobernar los caballos o mulas que tiran el coche' *(Aut.)*. Parece ser una alusión a los encuentros encubiertos, de los que el criado entrometido quiere estar al tanto.

569 *murmurándole, todos:* otro tópico: los criados, sean de la categoría que sean, murmuran de sus señores.

570-597 *Soy mercader ... clara:* la llegada de don Luis es marcada por un nuevo cambio de versificación. Los endecasílabos pareados, no alternados con heptasílabos (como en la silva pareada), son rarísimos en las comedias de Calderón. No me consta que existan más ejemplos que los de esta comedia y los de dos textos que le han sido atribuidos recientemente por Germán Vega García-Luengos, *La batalla de Sopetrán* y una parte de *El prodigio de Alemania*.

	este caudal más bien, porque las bodas	580
	en la gala y la joya empiezan todas,	
	enseñaros quisiera alguna de ellas	
	—que no son más lucientes las	
	[estrellas—,	
	por ver si la ocasión con el deseo	
	hacen en el camino algún empleo.	585
D. BERNARDINO.	La prevención y la advertencia ha sido	
	acertada. A buen tiempo habéis venido,	
	pues yo, por divertilla y alegralla,	
	que está triste, una joya he de ferialla.	
	Aquí esperad, y llegaré primero	590
	a prevenilla.	
DON LUIS.	Pues agora quiero	
	que la llevéis, señor, para bastante	
	prueba de mi verdad, este diamante;	
	que visto su valor y su excelencia,	
	no dudo yo, señor, que os dé licencia	595
	de llegar a sus pies. *(Dale una sortija.)*	
D. BERNARDINO.	Es piedra rara.	
	¡Qué fondo, qué caudal, qué limpia	
	[y clara!	
	Aquí, divina Leonor, *(Llega a ella.)*	
	ha llegado un mercader,	
	en cuya mano has de ver	600
	joyas de grande valor,	
	ricas, costosas y bellas.	
	Divierte un poco el pesar,	
	que yo te quiero feriar	
	la que te agradare de ellas.	605
	Este diamante, farol	
	que con luz hermosa y nueva	
	para su limpieza prueba	
	ser luciente hijo del sol,	

586-587 *La prevención y la advertencia ha sido / acertada:* de nuevo un sujeto plural acompañado de un verbo en singular. Tal uso no es infrecuente en Calderón ni en sus contemporáneos.

603 *divierte:* con el mismo sentido que en el verso 417.

	viene por testigo aquí:	610
	toma el diamante.	
Doña Leonor.	(Ap. ¿Qué veo, cielos?)	

(Toma la sortija y, mirándola, se admira.)

D. Bernardino.	Dime...	
Doña Leonor.	(Ap. Aún no lo creo.)	
D. Bernardino.	... si ha de llegar.	
Doña Leonor.	(Ap. ¡Ay de mí!	
	Este diamante es el mismo...)	
	Dile que llegue. (Ap. las dos.) Sirena,	615
	¡sáqueme amor de esta pena,	
	de este encanto, de este abismo!	
	Este diamante que ves,	
	luz que con el sol la mides,	
	di a don Luis de Benavides:	620
	prenda mía y suya es.	
	O mis lágrimas me ciegan,	
	o es el mismo. Hoy sabré yo	
	cómo a mis manos volvió.	

(Llegan los dos.)

Sirena.	Disimula, que ya llegan.	625
Don Luis.	Yo soy, hermosa señora,...	

(Conócenle.)

Doña Leonor.	(Ap. las dos.) ¡Alma de la pena mía,	
	cuerpo de mi fantasía!	
Sirena.	Disimula y calla agora,	
	que ya veo la razón	630
	que tienes para admirarte.	
Don Luis.	Yo soy quien en esta parte	
	piensa lograr la ocasión,	
	habiendo a tiempo llegado	
	en que pueda mi deseo	635

hacer el felice empleo
tantos años esperado.
    Traigo joyas que vender
de innumerable riqueza;
y entre otras, una firmeza.   640
Sé que os ha de parecer
    bien, porque de ella sospecho
que adorne esa bizarría,
si es que la firmeza mía
llega a verse en vuestro pecho.   645
    Un Cupido de diamantes
traigo de grande valor,
que quise hacer al Amor
yo de piedras semejantes,
    porque labrándole así,   650
cuando alguno le culpase
de vario y fácil, le hallase
firme solamente en mí.
    Un corazón traigo en quien
no hay piedra falsa ninguna;   655
sortijas bellas, y en una
unas memorias se ven.
    Una esmeralda que había
me hurtaron en el camino:
por el color, imagino,   660
que perfecto le tenía.
    Estaba con un zafiro,
mas la esmeralda llevaron

646-673 *Un Cupido de diamantes ... la firmeza:* hay un reproche implícito en las palabras de don Luis, llenas de doble sentido: la firmeza del Cupido de diamantes contrasta con la mudanza de Leonor; el corazón sin piedras falsas, que es a la vez el de don Luis, contrasta con la falsedad que supuestamente alberga el de Leonor; y las memorias ('anillos') contrastan en su sentido literal con su supuesto olvido. El sentido simbólico de las piedras preciosas que enseña don Luis ha sido objeto de un estudio de Frederick de Armas («The Four Elemental Jewels...», *passim*).

658-660 *una esmeralda ... por el color:* el color verde, y con él la esmeralda, son símbolos de la esperanza. Don Luis ha venido lleno de esperanza, pero esta le ha sido «robada» con la noticia del casamiento de Leonor.

               solamente, y me dejaron
               esta azul piedra que miro.   665

(Mira una sortija.)

                Y así dije a mis desvelos:
               «¿Cómo con tanta venganza
               me llevasteis la esperanza
               para dejarme los celos?».
                Si gusta vuestra belleza,   670
               descubriré, por más glorias,
               el corazón, las memorias,
               el amor y la firmeza.

D. BERNARDINO.   *(Ap.* El mercader es discreto.
               ¡Qué bien a las joyas bellas,   675
               para dar gusto de vellas,
               las fue aplicando su efeto!)

DOÑA LEONOR.   Aunque vuestras joyas son
               tales como encarecéis,
               para mostrarlas habéis   680
               llegado a mala ocasión.
                Y yo, en ver su hermoso alarde,
               contento hubiera tenido
               si antes hubierais venido,
               pero habéis venido tarde.   685
                ¿Qué se dijera de mí
               si cuando casada soy,
               si cuando esperando estoy
               a mi noble esposo, aquí
                pusiera, no mi tristeza,   690
               sino mi imaginación,
               en ver ese corazón,
               ese amor y esa firmeza?
                No los mostréis, que no es bien
               que, tan sin tiempo miradas,   695
               agora desestimadas
               memorias vuestras estén.
                Y tomad vuestro diamante,

(Dásele.)

>   que yo sé que pierdo en él
>   una luz hermosa y fiel   700
>   al mismo sol semejante.
>   No culpéis la condición
>   que en mí tan esquiva hallasteis,
>   culpaos a vos, que llegasteis
>   sin tiempo y sin ocasión.   705

(Sale MANRIQUE.*)*

MANRIQUE.	Ya don Lope, mi señor,
	llega.
DON LUIS.	*(Ap. los dos.)* ¿Habrá en desdicha igual
	mal que compita a mi mal,
	ni dolor a mi dolor?
DOÑA LEONOR.	¡Qué veneno!
DON LUIS.	¡Qué crueldad! 710
D. BERNARDINO.	A recibille lleguemos.

(Vase, y CELIO.*)*

MANRIQUE.	*(Ap.* Callen todos y escuchemos
	la primera necedad,
	porque un novio a quien le place
	la dama y a verla llega, 715
	como necedades juega,
	es tahúr que dice y hace.) *(Vase.)*
DON LUIS.	¿Qué me podrá responder
	mujer tan fácil, liviana,
	mudable, inconstante y vana, 720
	y mujer, en fin, mujer,
	que pueda satisfacer
	a tu mudanza y tu olvido?

718-747 *¿Que me podrá ... hablar contigo:* dejados solos los dos antiguos amantes, las redondillas ceden su lugar a una serie de décimas que marcan el cambio de situación dramática. Recuérdese que, según Lope de Vega, «las décimas son buenas para quejas» *(Arte nuevo,* v. 307), como se confirma aquí.

Doña Leonor.	Haber tu muerte creído,	
	haber tu vida llorado,	725
	causa a mi mudanza ha dado,	
	que a mi olvido no ha podido;	
	pues cuando te llego a ver,	
	a no estar ya desposada,	
	vieras hoy determinada	730
	si soy mudable mujer.	
	Desposeme por poder.	
Don Luis.	¡Y bien por poder se advierte:	
	por poder borrar mi suerte,	
	por poder dejarme en calma,	735
	por poder quitarme el alma,	
	por poder darme la muerte!	
	Esta dices que creíste,	
	y no fue vana apariencia,	
	que si creíste mi ausencia,	740
	es lo mismo; bien dijiste.	
Doña Leonor.	No puedo, no puedo, ¡ay triste!,	
	responder, que está conmigo,	
	no mi esposo, mi enemigo.	
	Mas porque me culpes fiel,	745
	lo que le dijere a él,	
	también ha de hablar contigo.	

(Salen don Lope, don Bernardino, don Juan *y* Manrique, *gracioso, detrás; y* Celio.)

Don Lope.	Cuando la fama en lenguas dilatada	
	vuestra rara hermosura encarecía,	
	por fe os amaba yo, por fe os tenía,	750
	Leonor, dentro del alma idolatrada.	
	Cuando os mira, suspensa y elevada,	
	el alma que os amaba y os quería,	
	culpa la imagen de su fantasía,	

748-775 *Cuando la fama ... como sois, amaros:* es la primera vez que se ven en carne y hueso los casados, situación extraordinaria que Calderón realza haciéndoles saludarse con un soneto cada uno.

752 *Cuando os mira:* entiéndase: «Pero ahora que os mira».

	que sois vista mejor que imaginada.	755
	Vos sola a vos podéis acreditaros:	
	¡dichoso aquel que llega a mereceros,	
	y más dichoso si acertó a estimaros!	
	Mas ¿cómo ha de olvidaros ni [ofenderos?,	
	que quien antes de veros pudo amaros	760
	mal os podrá olvidar después de veros.	
DOÑA LEONOR.	Yo me firmé rendida antes que os [viese,	
	y, vivo y muerto, solo en vos estaba,	
	porque solo una sombra vuestra amaba;	
	pero bastó que sombra vuestra fuese.	765
	¡Dichosa yo mil veces si pudiese	
	amaros como el alma imaginaba!,	
	que la deuda común así pagaba	
	la vida, cuando humilde me rindiese.	
	Disculpa tengo cuando, temeroso	770
	y cobarde, mi amor llega a miraros,	
	si no pago un amor tan generoso.	
	De vos, y no de mí, podéis quejaros,	
	pues, aunque yo os estime como [esposo,	
	es imposible, como sois, amaros.	775

---

762 *Yo me firmé rendida:* «firmarse» es 'atribuirse algún apellido, título o dictado, expresándole en la firma' *(Aut.)*. Doña Leonor se dio por entregada al «firmarse rendida». Todo el soneto pretende tener un doble sentido: uno para don Lope, y otro para don Luis, como anuncia Leonor en versos 746-747.

763 *vivo y muerto:* dirigidos a don Luis, a quien se creía muerto, estas palabras adquieren un sentido distinto del que les atribuirá don Lope.

764 *una sombra vuestra:* dice haber amado solo «la sombra» de don Lope, por no haberlo visto nunca en carne y hueso; a la vez, ha amado «la sombra», el recuerdo, de don Luis.

767 *como el alma imaginaba:* dirigidas a don Lope, estas palabras significan: «como me imaginaba cuando me casé por poderes»; dirigidas a don Luis, «como me imaginaba nuestro futuro cuando éramos amantes».

770-775 *Disculpa tengo ... amaros:* Leonor se disculpa ante don Luis, aduciendo que ya no puede seguir amándolo, por más que le perciba como su marido. Lo que parece decir con las mismas palabras a don Lope es que le resulta imposible ser tan «generosa» con su amor como es él con el suyo; alaba, así, su generosidad, a la vez que le niega su amor.

Don Lope.	Agora, tío y señor,
	me dad los invictos brazos.
D. Bernardino.	Y serán eternos lazos
	de deudo, amistad y amor.
	Y porque no culpe agora 780
	la dilación, a embarcar
	nos lleguemos.
Don Lope.	Hoy el mar
	segunda Venus adora.
Manrique.	*(Ap.* Y pues que con tanta gloria
	dama y galán se han casado, 785
	perdonad, noble senado,
	que aquí se acaba la historia.)

(Vanse todos llevándola de la mano y quedan Celio *y* don Luis *como elevado.)*

776-837 *Agora, tío ... la vida:* la jornada primera se cierra con una serie de redondillas, en las que se insertará la repetición del soneto pronunciado por Leonor.

784-787 *Y pues ... historia:* saliendo de su papel, el gracioso anuncia el final de la comedia como hace convencionalmente al final de la obra, porque, como recuerda el gracioso de otra comedia de Calderón «ya sabrán vuestras mercedes / que en el punto que se casan / las damas de la comedia / es señal de que se acaba» *(Saber del mal y el bien,* pág. 662). Tales bromas metaliterarias son frecuentísimas en los graciosos de Calderón; citaré tan solo las más similares a esta. En la escena final de *La selva confusa* el gracioso interviene varias veces con comentarios como «Cásense ya, porque acabemos presto» (fol. 38v). En *De una causa dos efectos,* cuando Diana tiene que escoger definitivamente entre dos hermanos que aspiran a casarse con ella, el gracioso comenta: «¡Cuánto me holgara / de que a ninguno escogiera / y la comedia acabara / quedando esta vez solteros / los galanes y las damas!» (pág. 491). En *Los empeños de un acaso,* al casarse don Félix y doña Leonor, el gracioso avisa: «Pensarán que está acabada / la comedia con casarse / los galanes y las damas; / pues escuchen vuesarcedes, / que otro pedacito falta» (pág. 1075). En la jornada primera de *Cada uno para sí,* Hernando comenta que «nos hemos de casar / en la tercera jornada», y en la jornada primera de *Afectos de odio y amor* el gracioso explica a su amo que la reina Cristerna ha tomado las armas porque «si no hiciera / esto, en un instante estaba / acabada de la comedia» con un casamiento (pág. 1761). Muy parecida a la intervención de Manrique aquí es, finalmente, la de Arceo en la segunda jornada de *Mañanas de abril y mayo,* cuando dice prematuramente: «Y si el galán y la dama / están ya desengañados, / aquí acaba la comedia» (pág. 309).

CELIO.	Señor, pues que de esta suerte
	hallaste tu desengaño,
	vuelve en ti, prevén el daño 790
	de tu vida y de tu muerte.
	Ya no hay estilo ni medio
	que tú debas elegir.
DON LUIS.	Sí hay, Celio.
CELIO.	¿Cuál es?
DON LUIS.	Morir,
	que es el último remedio. 795
	Muera yo, pues vi casada
	a Leonor, pues que Leonor
	dejó burlado mi amor
	y mi esperanza burlada.
	Mas ¿qué me podrá matar, 800
	si los celos me han dejado
	con vida? Aunque mi cuidado
	me pretende consolar
	dándome alguna esperanza,
	pues cuando a su esposo habló 805
	conmigo se disculpó
	de su olvido y su mudanza.
CELIO.	¿Cómo disculpar contigo?
	A mil locuras te pones.
DON LUIS.	Estas fueron sus razones; 810
	mira si hablaron conmigo.

(Refiere el soneto.)

    Yo me firmé rendida antes que os
                              [viese,
y, vivo y muerto, solo en vos estaba,
porque solo una sombra vuestra amaba,
pero bastó que sombra vuestra fuese. 815
    ¡Dichosa yo mil veces, si pudiese
amaros como el alma imaginaba!
Que la deuda común así pagaba
la vida, cuando humilde me rindiese.

Disculpa tengo cuando, temeroso 820
y cobarde, mi amor llega a miraros,
si no pago a un amor tan generoso.
 De vos, y no de mí, podéis quejaros,
pues, aunque yo os estime como
 [esposo,
es imposible, como sois, amaros. 825
 Y puesto que así me ha dado
disculpa de su mudanza,
sea mi loca esperanza
veneno y puñal dorado.
 Si ha de matarme el dolor, 830
mejor es el gusto, ¡cielos!,
y si he de morir de celos,
mejor es morir de amor.
 Siga mi suerte atrevida
su fin contra tanto honor, 835
porque he de amar a Leonor
aunque me cueste la vida.

(Vanse.)

---

833 *morir de amor:* la equiparación entre el amor y la muerte es antigua, y ya fue muy repetida en la poesía cortesana castellana del siglo XV; pero adquiere connotaciones diferentes en el contexto de esta trágica «comedia», como premonición del desenlace, cuando la muerte de amor será literal. Compárese el anuncio de don Luis según el cual su «remedio» consiste en «morir» (v. 794), y véase nuestra Introducción, págs. 77-80.

Segunda jornada

(Salen SIRENA *y* MANRIQUE.*)*

MANRIQUE.   Sirena de mis entrañas,
    que para aumentar mi pena
    eres la misma sirena,   840
    pues enamoras y engañas:
        duélate ver el rigor
    con que tratas mis cuidados;
    que también a los crïados
    hiere de barato amor.   845
        Dame un favor de tu mano.
SIRENA.   Pues, ¿qué puedo darte yo?
MANRIQUE.   Mucho puedes, pero no
    quiero bien más soberano
        que aquese verde listón   850
    con que yaces declarada

838-864 *Sirena ... mi señora:* la jornada segunda empieza en redondillas, estrofa especialmente adecuada para las «cosas ... de amor», según el *Arte nuevo* de Lope (vv. 311-312).

840 *la misma sirena:* alusión a las sirenas de la mitología, cuyo canto seductor hacía naufragar a los marinos. Son famosas sobre todo por un episodio de la *Odisea*, XII, que fue dramatizado por Calderón en *El golfo de las sirenas*.

845 *de barato:* Manrique recurre de nuevo al léxico de los naipes, donde el «barato» es 'la porción de dinero que da graciosamente el tahúr o jugador que gana a los mirones o a las personas que le han servido en el juego' *(Aut.)*.

| | por dama de la lazada
o fregona del tusón. | |
|---|---|---|
| SIRENA. | ¿Una cinta quieres? | |
| MANRIQUE. | Sí. | |
| SIRENA. | Ya aquese tiempo pasó | 855 |
| | que un galán se contentó
con una cinta. | |
| MANRIQUE. | Es así;
pero si yo la tuviera,
desparramando concetos,
mil y ciento y un sonetos | 860 |
| | hoy en tu alabanza hiciera. | |
| SIRENA. | Por ver tanta sonetada
te la doy; y vete agora,
porque sale mi señora. | |

(Dale una cinta verde y vase [MANRIQUE], *y sale* DOÑA LEONOR.)

DOÑA LEONOR.	Ya vuelvo determinada.	865
	Esto, Sirena, es forzoso:
declárese mi rigor,
porque mi vida y mi honor
ya no es mía: es de mi esposo.	
	Dile a don Luis que —pues es	870
	principal, noble y honrado,	

852-854 *dama de la lazada / o fregona del tusón:* expresiones que parodian los títulos honoríficos de los caballeros, especialmente los de la Orden del Toisón o Tusón de Oro. A la vez, «tusona» tiene el sentido de 'ramera, o dama cortesana. Pudo decirse así, porque les cortan el pelo por castigo, o ellas le pierden por el vicio deshonesto' *(Aut.)*. Valbuena Briones, en su edición de la comedia, da a «dama de la lazada» un sentido similar: «decíase así de las mujeres de mala reputación, a las que simplemente tirándoles del lazo de la cintura se las desnudaba. Quiere indicar también, en sentido metafórico, la mujer fácil»; pero no he conseguido documentar tal acepción.

868-869 *porque mi vida y mi honor / ya no es mía: es de mi esposo:* es llamativa aquí la divergencia entre los impresos y el manuscrito (que da: «que al fin el primer amor / le quita al alma el reposo»), lo cual conlleva una diferencia importante en los motivos de Leonor para desear que don Luis se vaya.

	por español y soldado	
	obligado a ser cortés—	
	que una mujer —no Leonor,	
	porque le basta saber	875
	a un noble que una mujer—	
	le suplica que su amor	
	olvide; que maravilla	
	cuidado en la calle tal,	
	y no sufre Portugal	880
	galanteos de Castilla;	
	que con lágrimas bañada	
	vuelvo a pedirle se vuelva	
	a Castilla y se resuelva	
	a no hacerme malcasada;	885
	porque, fiera y ofendida,	
	si no lo hace, ¡vive Dios!,	
	que podrá ser que a los dos	
	nos venga a costar la vida.	
SIRENA.	De esa suerte lo diré	890
	si puedo velle o hablalle.	
DOÑA LEONOR.	¡Cuándo falta de la calle!	
	Mas no hables en ella; ve	
	a buscarle a su posada.	
SIRENA.	Mucho, señora, te atreves. *(Vase.)*	895
DOÑA LEONOR.	¡Ay honor, mucho me debes!	

(Salen DON JUAN, DON LOPE *y* MANRIQUE.*)*

DON JUAN.	*(Los tres ap.)* Ya se acerca la jornada.	
DON LOPE.	No queda en toda Lisboa	
	fidalgo ni caballero	
	que ser no piense el primero	900
	que merezca eterna loa	
	con su muerte.	

---

896 *¡Ay honor, mucho me debes!*: estas palabras dejan claro que, al menos en este momento de la acción, Leonor está determinada a sacrificar su amor por su honor de mujer casada.

899 *fidalgo*: 'hidalgo'. Más que un arcaísmo parece ser aquí un lusitanismo.

MANRIQUE.	Justo es,
	mas no pienso de esa suerte
	tener yo loa en mi muerte,
	ni comedia ni entremés. 905
DON LOPE.	¿Luego tú no piensas ir
	al África?
MANRIQUE.	Podrá ser
	que vaya, mas será a ver,
	por tener más que decir,
	no a matar, quebrando en vano 910
	la ley en que vivo y creo,
	pues allí explicar no veo
	que sea moro ni cristiano.
	«No matar», dice, y los dos
	este me veréis guardar, 915
	que yo no he de interpretar
	los mandamientos de Dios.
DON LOPE.	¡Mi Leonor! *(Vela.)*
DOÑA LEONOR.	¡Esposo mío!
	¿Vos tanto tiempo sin verme?
	Quejoso vive el amor 920
	de los instantes que pierde.
DON LOPE.	¡Qué castellana que estáis!
	Cesen las lisonjas, cesen
	las repetidas finezas.
	Mirad que los portugueses 925
	al sentimiento dejamos
	la razón, porque el que quiere
	todo lo que dice quita
	de valor a lo que siente.
	Si en vos es ciego el amor, 930
	en mí es mudo.

904-905 *loa; comedia; entremés:* chistecillo del gracioso basado en el doble sentido de «loa». Don Lope se refería a la acción de loar o alabar; Manrique, a una pieza dramática breve de las que iniciaban las fiestas teatrales de la época. De ahí la conexión con «comedia» y «entremés»: los entremeses se representaban entre jornada y jornada de la comedia.

918 *¡Mi Leonor!:* el momento en que se ven don Lope y doña Leonor es marcado por una transición de redondillas a romance.

Manrique.	Y de esa suerte en mí endemoniado, así hoy en los tres llega a verse mudo, endemoniado y ciego.
Don Lope.	Siempre, Manrique, parece que al paso que yo estoy triste tú estás contento y alegre.
Manrique.	Y dime, ¿cuál es mejor, en pasiones diferentes, la alegría o la tristeza?
Don Lope.	La alegría.
Manrique.	Pues, ¿qué quieres? ¿Que deje yo lo mejor por lo peor? Tú, que tienes la tristeza, que es la mala, eres quien mudarte debes y pasarte a la alegría, pues será más conveniente que el ir yo de alegre a triste, venir tú de triste a alegre. *(Vase.)*
Doña Leonor.	¿Vos estáis triste, señor? Muy poco mi pecho os debe o yo le debo muy poco, pues vuestro dolor no siente.
Don Lope.	Forzosas obligaciones, heredadas dignamente con la sangre, a quien obligan divinas y humanas leyes, me dan voces y recuerdan de esta blanda paz y de este olvido en que yacen hoy mis heredados laureles. El famoso Sebastián, nuestro rey, que viva siempre, heredero de los siglos

935

940

945

950

955

960

---

934 *mudo, endemoniado y ciego:* alusión burlesca a Mateo, 12, 22. El mismo guiño figura en *El galán fantasma* (v. 2892).
958 *me recuerdan:* 'me despiertan', en sentido figurado.

145

	a la imitación del Fénix,	965
	hoy al África hace guerra.	
	No hay caballero que quede	
	en Portugal; que a las voces	
	de la fama nadie duerme.	
	Quisiérale acompañar	970
	a la jornada, y por verme	
	casado, no me he ofrecido	
	hasta que licencia lleve	
	de tu boca, Leonor mía.	
	Esta merced has de hacerme:	975
	en esta ocasión honrarme;	
	y este gusto he de deberte.	
DOÑA LEONOR.	Bien ha sido menester	
	con prevenciones hacerme	
	oraciones que me animen	980
	y discursos que me alienten.	
	Vos ausente, señor mío,	
	y por mi consejo ausente	
	fuera pronunciar yo misma	
	la sentencia de mi muerte.	985
	Idos vos sin que lo diga	
	mi lengua, pues que no puede	
	negaros la voluntad	
	lo que la vida os concede.	
	Mas porque veáis que estimo	990
	vuestra inclinación valiente,	
	ya no quiero que el amor,	
	sino el valor me aconseje.	
	Servid hoy a Sebastián,	
	cuya vida el cielo aumente;	995
	que es la sangre de los nobles	

---

965 *Fénix:* el ave mitológica que, después de prender fuego a su nido al final de su ciclo vital, renace de sus propias cenizas.

980 *oración:* aquí en el sentido, hoy poco habitual, de 'razonamiento, locución, arenga, compuesta artificiosamente para persuadir o mover a alguna cosa' *(Aut.).*

	patrimonio de los reyes;	
	que no quiero que se diga	
	que las cobardes mujeres	
	quitan el valor a un hombre	1000
	cuando es razón que le aumenten.	
	Esto el alma os aconseja,	
	aunque como al alma os quiere;	
	mas como ajena lo dice,	
	si como propia lo siente. *(Vase.)*	1005

Don Lope. ¿Habéis visto en vuestra vida
 igual valor?
Don Juan.   Dignamente
 es bien que lenguas y plumas
 de la fama la celebren.
Don Lope. Y vos, ¿qué me aconsejáis?   1010
Don Juan. Yo, don Lope, de otra suerte
 os respondiera.
Don Lope.   Decid.
Don Juan. Quien ya colgó los laureles
 de Marte y en blanda paz
 ciñe de palma las sienes,   1015
 ¿para qué otra vez, decidme,
 ha de limpiar los paveses
 tomados de orín y polvo
 en que ahora yacen y duermen?
 Yo fuera justo que fuera,   1020
 a no estar por esta muerte
 retirado y escondido;
 y no es razón ofrecerme,
 porque a los ojos del Rey
 llega mal un delincuente.   1025
 Si esto me disculpa a mí,
 bastante disculpa tiene

1017 *pavés:* 'escudo oblongo y de suficiente tamaño para cubrir casi todo el cuerpo del combatiente' *(DRAE)*.

| | quien soldado fue soldado.
| | No os vais, amigo, y creedme,
| | aunque un hombre os acobarde   1030
| | y una mujer os aliente. *(Vase.)*
| DON LOPE. | ¡Válgame Dios! ¡Quién pudiera
| | aconsejarse prudente,
| | si en la ocasión hay alguno
| | que a sí mismo se aconseje!   1035
| | ¡Quién hiciera de sí otra
| | mitad con quien él pudiese
| | descansar! Pero mal digo:
| | ¡quién hiciera cuerdamente
| | de sí mismo otra mitad,   1040
| | porque en partes diferentes
| | pudiera la voz quejarse
| | sin que el pecho lo supiese,
| | pudiera sentir el pecho
| | sin que la voz lo dijese,   1045
| | pudiera yo, sin que yo
| | llegara a oírme ni a verme,
| | conmigo mismo culparme
| | y conmigo defenderme,
| | porque, unas veces cobarde   1050
| | como atrevido otras veces,
| | tengo vergüenza de mí!
| | ¡Que tal diga! ¡Que tal piense!

1028 *quien soldado fue soldado:* posiblemente, 'quien fue hecho —«soldado»— para ser soldado'. Juegos de palabras similares no son infrecuentes en Calderón; compárese, en *Yerros de Naturaleza y aciertos de la Fortuna,* la referencia a una «criada tan bien criada» (v. 1099).

1029 *vais:* «vayáis».

1034 *ocasión:* 'oportunidad o comodidad de tiempo o lugar, que como acaso se ofrece, para ejecutar alguna cosa', pero también 'peligro o riesgo' *(Aut.).* Don Lope roza aquí un problema que preocupó especialmente a los pensadores de su época, como Gracián: las acciones humanas no se producen en la intemporalidad de las ideas abstractas, sino en un aquí y ahora, cuando se pone a prueba el ingenio de cada cual al producirse la «ocasión». Compárese la reflexión de Segismundo en *La vida es sueño:* «No antes de venir el daño / se reserva ni se guarda / quien le previene [...]; no es / sino después que se halla / en la *ocasión*» (vv. 3220-3226).

¡Que tenga el honor mil ojos
para ver lo que le pese,　　　　　　　　　1055
mil oídos para oíllo,
y una lengua solamente
para quejarse de todos!
¡Fuese todo lenguas, fuese
nada oídos, nada ojos,　　　　　　　　　　1060
porque oprimido de verse
guardado no rompa el pecho
y como mina reviente!
Ahora bien, fuerza es quejarme,
mas no sé por dónde empiece,　　　　　　1065
que, como en guerra y en paz
viví tan honrado siempre,
para quejarme ofendido
no es mucho que no aprendiese
razones; porque ninguno　　　　　　　　 1070
previno lo que no teme.
¿Osará decir la lengua
que tengo...? ¡Lengua, detente!,
no pronuncies, no articules
mi afrenta, que si me ofendes,　　　　　　1075
podrá ser que castigada
con mi vida o con mi muerte,
siendo ofensor y ofendido
yo me agravie y yo me vengue.

1064 *fuerza es quejarme:* sin saberlo, don Lope repite la idea expresada por doña Leonor en versos 454-483.

1073 *Lengua, detente:* una vez afirmados los celos, es ya imposible negarlos ni ignorarlos. Es una idea que se repite en Calderón. En la escena análoga de *El médico de su honra,* cuando don Gutierre sopesa los indicios del supuesto adulterio de Mencía, dice: «disimularé, si puedo, [...] / estos celos... ¿Celos dije? / ¡Qué mal hice! Vuelva, vuelva / al pecho la voz; mas no, / que si es ponzoña que engendra / mi pecho, si no me dio / la muerte, ¡ay de mí!, al verterla, / al volverla a mí podrá, / que de la víbora cuentan / que la mata su ponzoña, / si fuera de sí la encuentra. / ¿Celos dije? Celos dije, / pues basta, que cuando llega / un marido a saber que hay / celos, faltará la ciencia» (vv. 1691-1710). Compárense también estos versos de *Gustos y disgustos:* «[vuelvo] más por fineza / que por... ¡ay lengua, detente, / no digas celos!, que un hombre / no es justo que lo confiese» (pág. 986).

No digas que tengo celos... 1080
Ya lo dije, ya no puede
volverse al pecho la voz.
¿Posible es que tal dijese
sin que desde el corazón
al labio consuma y queme 1085
el pecho este aliento, esta
respiración fácil, este
veneno infame, de todos
tan distinto y diferente,
que otros desde el labio al pecho 1090
hacer sus efectos suelen,
y este desde el pecho al labio?
¿A qué áspid, qué serpiente
mató su mismo veneno?
A mí, ¡cielos!, solamente, 1095
porque quiere mi dolor
que él me mate y yo le engendre.
Celos tengo, ya lo dije.
¡Válgame Dios! ¿Quién es este
caballero castellano 1100
que a mis puertas, a mis redes
y a mis umbrales clavado
estatua viva parece?
En la calle, en la visita,
en la iglesia atentamente 1105
es girasol de mi honor,

1100 *este caballero castellano:* no está claro cómo don Lope sabe que don Luis es castellano, no habiéndose tratado nunca los dos.

1101 *redes:* parece tratarse de un tipo de rejas, tal vez usada como separación en los jardines o como sostén para plantas trepadoras. Es de uso poco frecuente en este sentido, pero figura también en otras comedias de Calderón. Así, en *La señora y la criada:* «testigos son estas redes», en referencia a las rejas de un jardín (pág. 846); en *De una causa dos efectos:* «Él y esotro circunspecto / andan por redes y rejas / de este jardín» (pág. 473), o en *Guárdate del agua mansa:* «Feliz yo, pues he llegado / a ver calles de Madrid / sin rejas, redes, ni claustros» (vv. 124-126).

1106 *girasol de mi honor:* la metáfora será explicada en el verso siguiente: tal como el girasol está siempre girado hacia la posición del sol, «bebiendo sus rayos», así don Luis siempre está quitando lustre al honor de don Lope.

> bebiendo sus rayos siempre.
> ¡Válgame Dios! ¿Qué será
> darme Leonor fácilmente
> licencia para ausentarme, 1110
> y con un semblante alegre
> no solo darme licencia,
> sino decirme y hacerme
> discursos tales que aun ellos
> me obligaran a que fuese, 1115
> cuando yo no lo intentara?
> ¿Y qué será, finalmente,
> decirme don Juan de Silva
> que ni me vaya ni ausente?
> ¿En más razón no estuviera 1120
> que aquí mudados viniesen
> de mi amigo y de mi esposa
> consejos y pareceres?
> ¿No fuera mejor si fuera
> que se mudaran las suertes 1125
> y que don Juan me animase
> y Leonor me detuviese?
> Sí, mejor fuera, mejor.
> Pero ya que el cargo es este,
> hablemos en el descargo; 1130
> vaya que el honor no quiere
> por tan sutiles discursos
> condenar injustamente.
> ¿No puede ser que Leonor
> tales consejos me diese 1135
> por ser noble como es,
> varonil, sagaz, prudente,
> porque quedándome yo
> mi opinión no padeciese?
> Bien puede ser, pues que dice 1140
> que da el consejo y le siente.

1129-1150 *cargo; descargo; condenar; caso:* nótese el léxico jurídico. Don Lope se está erigiendo en juez de su honor.

	¿No puede ser que don Juan
	que me quedase dijese
	por parecerle que estaba
	excusado, y parecerle					1145
	que es dar disgusto a Leonor?
	Sí puede ser. ¿Y no puede
	ser también que este galán
	mire a parte diferente?
	Y apretando más el caso,					1150
	cuando sirva, cuando espere,
	cuando mire, cuando quiera,
	¿en qué me agravia ni ofende?
	Leonor es quien es, y yo
	soy quien soy, y nadie puede				1155
	borrar fama tan segura
	ni opinión tan excelente.
	Pero sí puede, ¡ay de mí!,
	que al sol claro y limpio siempre,
	si una nube no le eclipsa,				1160
	por lo menos se le atreve;
	si no le mancha, le turba,
	y al fin, al fin, le oscurece.
	¿Hay, honor, más sutilezas
	que decirme y proponerme,				1165
	más tormentos que me aflijan,
	más penas que me atormenten,
	más sospechas que me maten,
	más temores que me cerquen,
	más agravios que me ahoguen				1170
	y más celos que me afrenten?
	¿No? Pues no podrás matarme

1154-1155 *es quien es; soy quien soy:* fórmula tópica con que se designa la pertenencia a la nobleza y se insinúan los deberes que conlleva.

1154-1163 *Leonor es quien es / y yo soy quien soy ... le oscurece:* palabras muy similares, y en parte hasta idénticas, son producidas por don Gutierre ante una duda similar en *El médico de su honra:* «Mencía es quien es / y yo soy quien soy; no hay quien pueda / borrar de tanto esplendor / la hermosura y la pureza. / Pero sí puede, mal digo; / que al sol una nube negra, / si no le mancha, le turba; / si no le eclipsa, le hiela» (vv. 1649-1656).

                    si mayor poder no tienes;
                    que yo sabré proceder
                    callado, cuerdo y prudente,   1175
                    advertido, cuidadoso,
                    solícito y asistente,
                    hasta tocar la ocasión
                    de mi vida y de mi muerte;
                    y en tanto que esta se llega,   1180
                    ¡valedme, cielos, valedme! *(Vase.)*

(Sale SIRENA *cubierta con manto, y* MANRIQUE *detrás de ella, queriéndola conocer.)*

SIRENA.   *(Ap.* Escaparme no he podido
                    de Manrique para entrar
                    en casa; todo el lugar
                    hoy siguiéndome ha venido.   1185
                      ¿Qué haré?)
MANRIQUE.   Tapada de azar,
                    que mira, camina y calla
                    con el arte de batalla
                    y el tallazo de picar;

1178 *ocasión:* véase la nota al verso 1034.

1182-1356 *Escaparme no he podido ... matarme:* Calderón vuelve a las redondillas. Es la forma que elige para todas las escenas entre Manrique y Sirena, aunque se interrumpirá aquí para una breve serie de quintillas cuando Manrique enseña sus trofeos amorosos.

1186 *tapada de azar:* «tapada»: 'decíase de la mujer que se tapaba con el manto o el pañuelo para no ser conocida' *(DRAE);* «azar» parece ser aquí, de nuevo en boca del gracioso, un término procedente del contexto de los naipes ('en el juego de naipes y dados se llama [azar] la suerte contraria; porque así en estos como en otros juegos se dice azar la casualidad que impide jugar con felicidad', *Aut.).* Según Valbuena Briones, se entendía por tapadas de azar 'mujeres que iban con el rostro cubierto y a las que casualmente se encontraba en la calle y con las que era fácil tener una aventura', pero no documenta este significado, ni he podido localizar esta expresión en ningún otro texto.

1189 *picar:* la referencia al «arte de batalla» en el verso anterior sugiere el sentido de 'seguir al enemigo que se retira, atacándole la retaguardia de su ejército', o tal vez simplemente 'herir con algún instrumento punzante' *(DRAE);* pero probablemente hay una insinuación sexual en la frase de Manrique.

	la de entrecano picote,	1190
	que con viento en popa vuelas,	
	con el manto de tres suelas	
	y chinelas de anascote,	
	habla o descúbrete, y sea	
	desengaño tu fachada,	1195
	porque callando y tapada	
	dice boba sobre fea;	
	aunque en tu brío confieso	
	que indicios de todo das.	
SIRENA.	¿No dice más? *(A lo socarrón.)*	
MANRIQUE.	No sé más.	1200
SIRENA.	¿Y a cuántas ha dicho eso?	
MANRIQUE.	Antes soy muy recatado.	
	No he hablado, a fe de quien soy,	
	sino a cinco en todo hoy;	
	que ya estoy muy reformado.	1205
SIRENA.	¡Gracias al cielo que veo	
	un hombre firme y constante!	
	Yo tampoco soy amante	
	de más de nueve.	
MANRIQUE.	Sí creo;	
	y porque me creas a mí,	1210
	de todas mostrarte quiero	

1190 *entrecano picote:* '(picote) es una tela basta de pelos de cabra, y porque es tan áspera que tocándola pica, se dijo picote' *(Cov.)*. Tal vez Manrique insinúa «picotera»: 'la mujer que tiene mucho pico, como son las berzeras y fruteras y gente de este jaez' *(Cov.)*. Nótese la impronta de la homofonía, sin duda con fines burlescos, en la elección del léxico de esta redondilla: «ba*talla*» y «*tallaz*o»; «*pic*ar» y «*pic*ote».

1191 *con viento en popa vuelas:* 'corres; andas muy de prisa'; pero puede ser a la vez una alusión al pecho de Sirena.

1192-1193 *con el manto de tres suelas / y chinelas de anascote:* 'de tres o de cuatro suelas: modo adverbial que vale fuerte, sólido, y con firmeza, y así decimos «Tonto de cuatro suelas»' *(Aut.)*. «Anascote» es una 'especie de tela o tejido, que se fabrica de lana, de que se hacen mantos y otras cosas' *(Aut.)*. El chistecillo consiste, pues, en el intercambio de atributos, dando al manto un atributo del calzado (las suelas) y al calzado un atributo del manto (el anascote).

1203 *a fe de quien soy:* juramento caballeresco, relacionado con el 'soy quien soy' (véase la nota a los vv. 1154-1155); en este contexto, donde sustenta una declaración de promiscuidad, la frase resulta grotesca.

         un favor. Sea el primero
         el moño que sale aquí.

(Saca un moño.)

            Este moño pecador
         su papel un tiempo hizo,   1215
         y de rizado y postizo
         fue mártir y confesor.
            No es de aljófar lo ensartado:
         liendres son; con que me alegro,
         que desde lejos mirado   1220
         parece un penacho negro
         de blancas moscas nevado.

(Saca una [varilla].)

            Aquella sutil varilla
         es de barba de ballena,
         sacada de una cotilla,   1225
         que fue entregar a mi pena
         lo mismo que una costilla.
            Vara es de virtudes llena,
         que hace bueno el pecho y buena
         la espalda más eminente;   1230
         que ya todo talle miente
         por la barba de ballena.

(Saca una zapatilla.)

1218-1219 *no es de aljófar lo ensartado: / liendres son:* lo que en el moño postizo parecen ser perlas pequeñas (aljófares) son liendres (huevos de piojo).

1225 *cotilla:* 'jubón sin mangas hecha de dos telas, embutido con barba de ballena, y pespuntado, sobre el cual se visten las mujeres el jubón o casaca, y traen ajustado al cuerpo' *(Aut.).*

1226-1227 *que fue entregar a mi pena / lo mismo que una costilla:* confieso no entender estos versos; acaso la lección correcta es la que da el manuscrito, «morcilla».

1228 *vara es de virtudes llena:* por su virtud de mejorar el tipo o talle de las mujeres, es como una varilla mágica.

155

               La zapatilla que estás
            mirando agora en mis manos,
            casa fue donde sabrás   1235
            que vivieron dos enanos
            sin encontrarse jamás.

(Saca un guante.)

               Este es un guante, y no hay duda
            de que, como ruiseñor,
            mucho tiempo estuvo en muda;   1240
            pregúntaselo al olor:
            sebo de cabrito suda.

(Saca una cinta verde.)

               Esta cinta es de una dama
            de gran porte, pero yo
            no la quiero.

SIRENA.   ¿Por qué no?   1245
MANRIQUE. Porque sé que ella me ama.
            ¿No es causa bastante?
SIRENA.   Sí.
MANRIQUE. La que yo tengo de amar
            me ha de mentir o engañar
            y se ha de burlar de mí,   1250
               dar celos cada momento,
            maltratarme, despedirme,
            y en efeto, ha de pedirme,
            que es la cosa que más siento,
               porque si al fin es costumbre   1255
            en ellas, tengo por justo
            hacer desde luego gusto
            lo que ha de ser pesadumbre.

1236 *dos enanos:* según anota Valbuena Briones, una referencia a los juanetes.

1257 *desde luego:* 'en seguida'.

Sirena.	¿Y es hermosa esa señora?	
Manrique.	No, pero es puerca.	
Sirena.	En verdad,	1260

que es muy buena calidad.
Manrique. Arrope un ojo le llora
 y otro aceite.
Sirena. ¿Es entendida?
Manrique. Cuanto dice entiendo yo,
 mas cuanto la dicen, no; 1265
 que es entendida, entendida.
Sirena. Por muestra de que es verdad
 que amarle a su gusto espero,
 ese listón solo quiero.
Manrique. De muy buena voluntad. 1270

(Dásele y ella mira atrás.)

Sirena. ¡Ay triste de mí!
Manrique. ¿Qué ha sido?
Sirena. ¡Mi marido viene allí!
 Váyase presto de aquí,
 que es un diablo mi marido.
 Dé vuelta a la calle presto, 1275
 que en tanto, señor, que él pasa,
 le esperaré en esta casa.
Manrique. En buen sagrado te has puesto,
 que aquí vivo yo, y vendré
 en estando asegurada. 1280

(Vase y ella se descubre.)

Sirena. ¡A un bellaco, una taimada!
 ¡Bien dentro de casa entré
 sin que fuese conocida!
 Lindamente le he engañado,

1262 *arrope:* 'mosto cocido hasta que tome constancia de jarabe' *(DRAE).*
1278 *sagrado:* véase la nota al verso 231.

                        aunque él más, pues me ha dejado   1285
                        tan afrentada y corrida.
                            Que dijera que era fea
                        no importaba, aunque lo fuese;
                        ni importaba que dijese
                        que necia y que sucia sea;   1290
                            pero ¿aceite un ojo a mí
                        y otro arrope? ¡No, por Dios!
                        Y aun si lloraran los dos
                        una cosa, entonces sí
                            que callara, mas ¡que tope   1295
                        un picarón, un taimado,
                        que me diga que han llorado
                        uno aceite y otro arrope!

(Sale doña Leonor.)

Doña Leonor.   Sirena.
Sirena.   Señora mía.
Doña Leonor.   ¡Cuánto tu ausencia me cuesta!   1300
                   ¿Habláste le?
Sirena.   Y la respuesta
                   en este papel te envía,

(Saca un papel de la manga.)

                   y de palabra me dijo
                   que si él una vez te hablara,
                   él se fuera y te dejara.   1305
Doña Leonor.   *(Ap.* Con mayor causa me aflijo.)
                   ¿Para qué el papel tomaste?
Sirena.   Para traerte el papel.

1286 *corrida:* 'avergonzada'.
1295-1296 *que tope / un picarón, un taimado:* complemento directo animado sin *a*, no infrecuente en textos de la época. El sentido es, pues, algo así como: «¡que yo me haya encontrado con un picarón, con un taimado, que me diga...!».

Doña Leonor.	*(Ap.* ¡Ay pensamiento crüel, qué fácil entrada hallaste en mi pecho!) 1310
Sirena.	Pues ¿qué importa que le tomes y le leas?
Doña Leonor.	¿Eso es bien que de mí creas? La voz, Sirena, reporta. Con abrasalle o rompelle... 1315 *(Ap.* Entiéndeme necia, y sea rogándome que le vea; que estoy muerta por leelle.)
Sirena.	¿Qué culpa tiene el papel que viene mandado aquí, 1320 señora, para que así vengues tu cólera en él?
Doña Leonor.	Pues si le tomo, verás que es solo para rompelle.
Sirena.	Rómpele después de leelle. 1325
Doña Leonor.	([*Ap.*] Eso sí, ruégame más.) Pesada estás, y por ti rompo la nema y le leo, por ti sola.
Sirena.	Ya lo veo; ábrele pues.
Doña Leonor.	Dice así: 1330

(Toma el papel y ábrele.)

(Leyendo.)

> Leonor, si yo pudiera obedecerte
> y pudiera olvidar, vivir pudiera,

1328 *nema:* 'cierre o sello de una carta' *(DRAE).*

1331-1344 *Leonor ... agravio:* se interrumpe la serie de redondillas para la lectura de la carta, que constituye un soneto.

1332 *vivir pudiera:* subjuntivo con valor de condicional, lo mismo que en «fuera contigo liberal» en el verso siguiente.

fuera contigo liberal, si fuera
bastante yo conmigo a no quererte.
    Mi muerte injusta tu rigor me 1335
[advierte,
si mi vida en amarte persevera.
¡Pluguiera a Dios que de una vez muriera
quien de tantas no acierta con su muerte!
    ¿Que te olvide pretendes? ¿Cómo
[puedo
despreciado olvidar y aborrecido? 1340
¿No ha de quejarse del dolor el labio?
    Quiéreme tú, que si obligado quedo,
yo olvidaré después favorecido,
que el bien puede olvidarse, no el
[agravio.

(Llora.)

SIRENA.	¿Lloras leyendo el papel?	1345
	Son, en fin, pasadas glorias.	
DOÑA LEONOR.	Lloro unas muertas memorias	
	que vienen vivas en él.	
SIRENA.	Quien bien quiere, tarde olvida.	
DOÑA LEONOR.	Como el que muerte me dio	1350
	está presente, brotó	
	reciente sangre la herida.	
	Este hombre ha de obligarme,	
	con seguirme y ofenderme,	
	a matarme y a perderme	1355
	—que aun fuera menos matarme—	
	si no se ausenta de aquí.	

  1333 *liberal:* 'generoso'.
  1341 *¿No ha de quejarse del dolor el labio?:* '¿No he de quejarme del dolor?'.
  1339-1344 *¿Cómo puedo ... el agravio:* don Luis aduce que, para poder olvidar a doña Leonor, necesita saber que ella no le aborrece. Es, por supuesto, una táctica dirigida a conseguir una entrevista con ella y que ella se declare todavía enamorada de él.
  1357 Calderón cambia de redondillas a un romance en *é*, sin justificación situacional muy clara.

SIRENA.	Pues tú lo puedes hacer.
DOÑA LEONOR.	¿Cómo?
SIRENA.	Oyéndole, que él dice
	que en oyéndole una vez 1360
	se ausentará de Lisboa.
DOÑA LEONOR.	¿Cómo, Sirena, podré?
	Que a trueco de que se vaya,
	imposibles sabré hacer.
	¿Cómo vendrá?
SIRENA.	Escucha atenta. 1365
	Hora es ya de anochecer,
	que es la hora más segura,
	porque ni temprano es
	para que a un hombre conozcan,
	ni tarde para temer 1370
	que la vecindad lo note;
	de mi señor, ya tú ves
	que nunca viene a esta hora;
	don Luis, no dudo que esté
	en la calle y podrá entrar 1375
	a esta sala, donde habléis
	los dos, y entonces podrás
	decirle tu parecer.
	Óyele lo que él dijere
	y obre Fortuna después. 1380
DOÑA LEONOR.	Tan fácilmente lo dices
	que no le dejas qué hacer
	al temor, ni aun al honor
	qué dudar ni qué temer.
	Ve ya por don Luis.

(Vase SIRENA.)

                              Amor, 1385
aunque en la ocasión esté,
soy quien soy, vencerme puedo.

1386 *la ocasión:* véase la nota al v. 1034.

                    No es liviandad, honra es
                    la que en la ocasión me pone:
                    ella me ha de defender,   1390
                    que cuando ella me faltara,
                    quedara yo, que también
                    supiera darme la muerte
                    si no supiera vencer.
                    Temblando estoy, cada paso   1395
                    que siento pienso que es
                    don Lope, y el viento mismo
                    se me figura que es él.

(Con temor mirando hacia atrás.)

                    ¿Si me escucha? ¿Si me oye?
                    ¡Qué propio del miedo fue!   1400
                    ¡Que a tales riesgos se [ex]ponga
                    una principal mujer!

(Salen DON LUIS *y* SIRENA *como a oscuras.)*

SIRENA.   Esta es Leonor.
DON LUIS.   *(Ap.* ¡Ay de mí!
                    ¡Cuántas veces esperé
                    esta ocasión! Ya quisiera   1405
                    no haberla llegado a ver.)
DOÑA LEONOR.   Ya, señor don Luis, estáis
                    en mi casa; ya tenéis
                    la ocasión que habéis deseado.
                    Hablad aprisa, porque   1410
                    os volváis; que, temerosa
                    de mí misma, tengo al pie
                    grillos de hielo, y el alma
                    de mi aliento puede hacer
                    al corazón un cuchillo   1415
                    y a la garganta un cordel.
DON LUIS.   Ya sabéis, Leonor hermosa
                    —si es que olvidado no habéis
                    pasados gustos, que ya

	ignoráis lo que sabéis—,	1420
	que en Toledo, nuestra patria	
	—perdonadme—, os quise bien,	
	desde que en la vega os vi	
	un día al amanecer,	
	que, aumentando nuevas flores	1425
	al campo hermoso, tal vez	
	lo que las manos robaron	
	restituyeron los pies;	
	ya sabéis...	
DOÑA LEONOR.	Esperad, yo	
	seré mas breve: ya sé	1430
	que muchos días rondasteis	
	mi calle, y a mi desdén	
	constante siempre tuvisteis	
	amor firme y firme fe,	
	hasta que os favorecí	1435
	—¿qué no han llegado a vencer	
	lágrimas de amor que lloran	
	los hombres que quieren bien?—,	
	y favorecido ya,	
	siendo tercera fiel	1440
	la noche —¿qué no consiguen	
	una reja y un papel?—,	
	tratábamos de casarnos,	
	cuando os hicieron merced	
	de una jineta, y fue fuerza	1445
	iros a servir al Rey.	
	Fuisteis a Flandes...	
DON LUIS.	Sí fui	
	—que aqueso yo lo diré—,	

1426 *tal vez:* a veces.

1425-1428 *aumentando ... los pies:* la blancura de los pies de doña Leonor fue tal, que sus pisadas parecían sembrar flores blancas en sustitución de las que cogía con las manos. Es una imagen muy gongorina, pero incorporando el gusto calderoniano por la antítesis *(las manos robaron-restituyeron los pies).*

1445 *jineta:* 'algunas veces significa una lanza corta con una borla por guarnición, junto al hierro dorado, insignia de los capitanes de infantería' *(Cov.).* Don Luis, pues, fue nombrado capitán de infantería.

	donde dimos un asalto	
	y murió valiente en él	1450
	un don Juan de Benavides,	
	caballero aragonés.	
	La equivocación del nombre	
	dio causa para entender	
	que fuese yo el muerto. ¡Cuando	1455
	una mentira se cree...!	
	Llegó la nueva a Toledo...	
DOÑA LEONOR.	Eso diré yo más bien,	
	que sin vida la sentí	
	y con vida la lloré;	1460
	pero callo aquí, aunque aquí	
	os pudiera encarecer	
	los sentimientos que hice,	
	las tristezas que pasé.	
	En efeto, persuasiones	1465
	de muchos pudieron ser	
	bastantes a que en Lisboa	
	me casase por poder.	
DON LUIS.	Yo lo supe en el camino,	
	y pensando deshacer	1470
	el casamiento, corrí	
	hasta que os vi y os hablé,	
	con equívocas razones,	
	en traje de mercader.	
DOÑA LEONOR.	Estaba casada ya,	1475
	y pues que os desengañé,	
	¿a qué habéis venido aquí?	
DON LUIS.	Sólo he venido por ver	
	si hay ocasión de quejarme;	
	que si, culpando tu fe,	1480
	descanso, iré luego a Flandes,	
	donde una bala me dé,	
	porque la pólvora cumpla	
	lo que publicó otra vez.	
SIRENA.	Gente sube la escalera.	1485

(Túrbanse todos.)

DOÑA LEONOR.	¡Ay cielos! ¿Qué puedo hacer?
	Oscura está aquesta sala:
	que aquí te quedes es bien,
	porque a ti solo te halle,
	y habiendo entrado quien es, 1490
	podrás irte; no a Castilla,
	que ocasión habrá otra vez
	para acabar de quejarte.
SIRENA.	Yo voy contigo también.

(Vanse las dos.)

DON LUIS.	¿Qué confusión es esta, 1495
	que a mi desdicha iguala?
	Oscura está la sala;
	y la noche funesta
	ya de sombras cubierta
	baja. Ni sé la casa ni la puerta, 1500
	que otra vez no he llegado
	aquí. ¡Forzosa pena!
	Temerosas Sirena
	y Leonor me han dejado
	confuso y sin sentido. 1505

(Sale DON JUAN *como a oscuras, y se encuentra con* DON LUIS.)

DON JUAN.	¿A estas horas no hubieran encendido
	una luz? Mas ¿qué es esto?
	¿Quién es? ¿No me responde?
DON LUIS.	([*Ap.*] Hallé puerta por donde
	salir.)

1495 *¿Qué confusión es esta?* El cambio de situación es marcado por una transición de romance a sextetos-lira, estrofa que admite varias combinaciones de heptasílabos y endecasílabos y diversos esquemas de rima. Aquí el esquema básico es *abbaCC,* pero hay dos estrofas de rima diferente: vv. 1549-1554 *(abbaCC)* y vv. 1573-1578 *(ABabCC).*

1506+ Acotación: los testimonios impresos añaden: «y sacan las espadas»; pero don Juan, por lo menos, no desenvaina hasta más adelante.

(Vase tentando por otra puerta.)

DON JUAN.	Responda presto,	1510
	o, ya desenvainada,	
	lengua de acero, lo dirá mi espada.	

(Desenvaina DON JUAN.*)*

(Sale DON LOPE *a oscuras y* MANRIQUE *y* DON JUAN *acuchillan al aire.)*

DON LOPE.	¡Ruido de cuchilladas	
	y oscuro el aposento!	
DON JUAN.	Aquí los pasos siento.	1515
MANRIQUE.	Voy por luz. *(Vase.)*	
DON LOPE.	¡Aquí espadas!	
	Ya es fuerza que me asombre.	
DON JUAN.	Ya le he dicho otra vez que diga el [nombre.	
DON LOPE.	¿Quién mi nombre pregunta?	

(Mete mano.)

DON JUAN.	Quien, porque habléis, sospecho	1520
	que abrirá en vuestro pecho	
	mil bocas con la punta	
	de este acero.	
DOÑA LEONOR.	¡Luz presto!	

(Salen DOÑA LEONOR, SIRENA *y* MANRIQUE *con hacha.)*

DON LOPE.	¿Don Juan?	
DON JUAN.	¿Don Lope?	
DOÑA LEONOR.	*(Ap.* ¡Ay cielos!*)*	

1524+ Acotación: *hacha:* 'puede significar la antorcha de cera con que se alumbran' *(Cov.).*

Don Lope.	Pues ¿qué es esto?	
Don Juan.	En esta cuadra entraba	1525
	cuando un hombre salía.	
Doña Leonor.	Algún ladrón sería	
	que robarla intentaba.	
Don Lope.	¿Hombre?	
Don Juan.	Sí, y preguntando	
	quién era, la respuesta dio callando.	1530
Don Lope.	*(Ap.* Disimular conviene;	
	no crean que yo puedo	
	tener tan bajo miedo	
	que mi valor condene.)	
	¡Bueno fuera, a fe mía,	1535
	mataros yo! Yo era el que salía,	
	que, tan desconocida	
	la voz, viendo que un hombre	
	me preguntaba el nombre	
	en mi casa, ofendida	1540
	la paciencia y turbada,	
	callando doy respuesta con la espada.	
Sirena.	¡Por cuánto aquí se viera	
	un infeliz suceso!	
Don Juan.	¿Cómo puede ser eso,	1545
	si el que yo digo que era	
	dentro está, cosa es cierta,	
	pues no pudo salir por esta puerta	
	que vos entrasteis?	
Don Lope.	Digo	
	que era yo.	
Don Juan.	*(Ap.* Cosa extraña.)	1550
Don Lope.	*(Ap.* ¡Oh cuánto a un hombre daña	
	un ignorante amigo!	
	¡Que no puedan los cuerdos, los más [sabios,	
	celar de un necio amigo los agravios!)	
	Pues si por cosa cierta	1555
	tenéis que dentro ha entrado,	
	fuerte y determinado	
	guardadme aquella puerta,	

	en tanto, si eso pasa,	
	que yo examino toda aquesta casa.	1560
DON JUAN.	Pues no saldrá por ella.	
	Mirar seguro puedes.	
DON LOPE.	Mira que en ella quedes,	
	y no te apartes de ella.	

(Vase DON JUAN.*)*

	(Ap. Hoy seré cuerdamente,	1565
	si es que ofendido soy, el más [prudente,	
	y a la venganza mía	
	tendrá ejemplos el mundo,	
	porque en callar la fundo.)	
	Ea, Manrique, guía	1570
	con esa luz.	
MANRIQUE.	No oso,	
	que yo de duendes soy poco goloso.	
DOÑA LEONOR.	No entréis, señor, aquí; yo soy [testigo	
	que aseguraros este cuarto puedo.	
DON LOPE.	Pues ¿de qué tienes miedo?	1575
MANRIQUE.	De todo.	
DON LOPE.	Suelta, digo,	

(Quítale el hacha.)

y véteme de aquí. *(Ap.* Que antes es
 [dicha
que falte otro testigo a mi desdicha.)

(Éntrase, y por otra parte se va MANRIQUE.*)*

DOÑA LEONOR.	¡Ay, Sirena! ¿Qué suerte	
	es esta tan airada?	1580
	Estoy desesperada	
	por darme aquí la muerte,	
	pues ya es fuerza que tope	

                    a don Luis escondido —¡ay Dios!—
                                        [don Lope.
          Él pensó que salía   1585
          por la puerta que entraba
          a mi cuarto; allí estaba.
          Mas ¿por qué mi porfía
          duda lo que ha pasado?
          Ya le ha visto don Lope, ya le ha   1590
                                         [hallado.
          ¿Qué haré? Irme no puedo,
          porque en desdichas tantas,
          oprimidas las plantas,
          cadenas pone el miedo
          de cobardes prisiones.   1595
          Toda soy confusión de confusiones.

(Sale DON LUIS *embozado huyendo de* DON LOPE, *y él con la espada desnuda y la hacha en la mano.)*

DON LOPE.	No os encubráis, caballero.
DON LUIS.	Detened, señor, la espada,

           que en la sangre de un rendido
           más que se ilustra se mancha.   1600
           Yo soy de Castilla, donde,
           por los celos de una dama,
           di a un caballero la muerte
           cuerpo a cuerpo en la campaña.
           Vine a ampararme a Lisboa,   1605
           donde estoy por esta causa
           de Castilla desterrado.
           He sabido esta mañana
           que aquí un hermano del muerto
           cautelosamente anda   1610
           encubierto por vengarse

1597 La salida de don Luis es un momento lógico para el cambio de versificación, que pasa a un romance en *á-a*. Don Luis se inventará una justificación de su presencia en la casa, cuya larga narración pide el romance como forma más adecuada.

    con traición y con ventaja.
    Con este cuidado, pues,
    por esta calle pasaba,
    cuando tres hombres me embisten   1615
    a las puertas de esta casa.
    Viendo que, aunque el corazón
    algunas veces se engaña,
    era imposible defensa
    contra tres de mano armada,   1620
    subime por la escalera,
    y ellos, o por ver que estaba
    en sagrado, o por no hacer
    tan dudosa la venganza,
    no me siguieron, y estuve   1625
    en esa primera sala
    esperando a que se fuesen;
    y sintiendo sosegada
    la calle, bajarme quise,
    pero al salir de la cuadra   1630
    topé un hombre que me dijo:
    «¿quién va?». Yo, que imaginaba
    que eran mis propios contrarios,
    no les respondí palabra.
    Siento espadas, y yo, huyendo   1635
    de tres, volví las espaldas,
    que en ventaja conocida
    es más cordura que infamia;
    de una sala en otra entré
    hasta aquí. Esta es la causa   1640
    de haberme hallado, señor,
    escondido en vuestra casa.
    Agora, dadme la muerte,
    que como yo dicho haya
    la verdad, y no padezca   1645

1623 *sagrado:* véase la nota al verso 231.
1631 *topé:* «me topé con»; véase la nota al verso 1295.
1635-1638 *Siento espadas ... que infamia:* estos cuatro versos solo figuran en el manuscrito.

| | alguna virtud sin causa,
moriré alegre, rindiendo
el ser, la vida y el alma
a un honrado sentimiento
y no a una infame venganza. | 1650 |
| Don Lope. | *(Ap.* ¿Pueden juntarse en un hombre
confusiones más extrañas,
tantos asombros y miedos,
penas y desdichas tantas?
Si en la calle este hombre —¡cielos!— | 1655 |
| | tantos pesares me daba,
¿qué vendrá a darme escondido
dentro de mi misma casa?
Basta, basta, pensamiento;
sufrimiento, basta, basta, | 1660 |
| | que verdad puede ser todo;
y cuando no, aquí no hay causa
para mayores extremos:
sufre, disimula y calla.)
Caballero castellano, | 1665 |
| | yo me huelgo de que haya
sido contra una traición
sagrado vuestro mi casa.
En ella, a ser hoy soltero,
os sirviera y hospedara, | 1670 |
| | porque un caballero debe
amparar nobles desgracias.
Lo que podré hacer por vos
será acudiros en cuantas
ocasiones se os ofrezcan, | 1675 |
| | porque, a ese lado mi espada, | |

1664 *sufre, disimula y calla:* este verso, en cuyo lugar figura otro en el manuscrito («un volcán tengo en el alma»), será repetido tres veces más adelante (vv. 1764, 2162 y 2181). Hay versos similares en otras comedias de Calderón: «quien alivio no espera, / sufra, calle, gime y muera» *(Las manos blancas no ofenden,* vv. 106-107), o «ten paciencia, sufre y calla» (tres veces en *Duelos de amor y lealtad,* págs. 1478-1479); etc.

1668 *sagrado:* véase la nota al verso 231.

171

    contra tres mil no os suceda
    otra vez volver la espalda.
    Y agora, porque salgáis
    más secreto de mi casa, 1680
    podréis salir del jardín
    por aquella puerta falsa...
    Yo la abriré... y también hago
    prevención tan recatada,
    porque crïados, que al fin 1685
    son enemigos de casa,
    no cuenten que os hallé en ella
    y sea fuerza que vaya
    a todos satisfaciendo
    de cuál ha sido la causa; 1690
    porque aunque es cierto que nadie
    dude una verdad tan clara,
    y yo de mí mismo tengo
    la satisfacción que basta,
    ¿quién de una malicia huye?, 1695
    ¿quién de una sospecha escapa?,
    ¿quién de una lengua se libra?,
    ¿quién de una intención se guarda?
    Y si llegara a creer...
    ¿qué es a creer?, si llegara 1700
    a imaginar, a pensar
    que alguien pudo poner mancha
    en mi honor... ¿qué es en mi honor?,
    en mi opinión y en mi fama,
    y en la voz tan solamente 1705
    de una crïada, una esclava,
    no tuviera, ¡vive Dios!,
    vidas que no le quitara,
    sangre que no le vertiera,
    almas que no le sacara, 1710
    y estas rompiera después

1695-1698 *¿quién de una malicia huye? ... ¿quién de una intención se guarda?*: don Lope repite la idea que expresó antes al escuchar el relato de las desdichas de don Juan (vv. 285-289), y que luego aplicará a su propia situación.

	a ser visibles las almas.	
	Venid, ireos alumbrando	
	hasta que salgáis.	
Don Luis.	*(Ap.* Helada	
	tengo la voz en el pecho.	1715
	¡Qué portuguesa arrogancia!)	

(Vanse alumbrando a DON LUIS.)

Doña Leonor.	Aún mejor ha sucedido,	
	Sirena, que yo pensaba.	
	Solo una vez vino el mal	
	menor del que se esperaba.	1720
	Ya puedo hablar y ya puedo	
	mover las heladas plantas.	
	¡Ay, Sirena, en qué me vi!	
	¡Vuelva a respirar el alma!	

(Vuelve a salir DON LOPE *con el hacha y la espada desnuda y* LEONOR *se alborota.)*

Don Lope.	Leonor.	
Doña Leonor.	Señor, pues ¿qué intentas?	1725
	¿Ya no supiste la causa	
	con que entró? ¿Y ya no supiste	
	que yo no he sido culpada?	
Don Lope.	¿Tal pudiera imaginar	
	quien te estima y quien te ama?	1730
	No, Leonor, solo te digo	
	que ya que aquí se declara	
	con nosotros...	
Doña Leonor.	¿Ya él no dijo	
	que aquí de Castilla estaba	
	ausente por una muerte?	1735
	Pues, yo, señor, no sé nada.	

1718 *pensaba:* debe significar aquí: 'creía posible'. Vera Tassis enmienda «esperaba», pero la rima siguiente no permite tal solución.

Don Lope.	No te disculpes, Leonor.
	Mira, mira que me matas.
	Tú, Leonor, pues ¿de qué habías
	de saberlo? Pero basta 1740
	que él se fíe de nosotros,
	para que de aquí no salga.
	Y tú, Sirena, no digas
	lo que entre los tres nos pasa
	a ninguno, ni a don Juan. 1745

(Sale DON JUAN.*)*

Don Juan.	*(Ap.* Tanto don Lope se tarda
	que me ha dado algún cuidado.)
Don Lope.	¡Por Dios, don Juan, linda gracia
	es hacerme andar así
	buscando toda la casa, 1750
	siendo cierto que fui yo!
	Tomad otro poco el hacha,
	andadla vos.
Don Juan.	¿Para qué,
	si ya aquí me desengaña
	el saber que fuisteis vos? 1755
	Ya conozco mi ignorancia.
Don Lope.	Con todo, habemos los dos
	segunda vez de miralla.
Doña Leonor.	*(Ap.* ¡Qué prudencia tan notable!)
Don Juan.	*(Ap.* ¡Qué valor y qué arrogancia!) 1760
Sirena.	*(Ap.* ¡Qué temor!)
Don Lope.	*(Ap.* De esta manera,
	el que de vengarse trata,
	hasta mejor ocasión
	sufre, disimula y calla.)

Tercera jornada

(Salen DON JUAN *y* MANRIQUE.*)*

DON JUAN.   ¿Dónde está don Lope?
MANRIQUE.   Cuando   1765
           entró en palacio, yo aquí
           me quedé.
DON JUAN.   Búscale y di
           que yo le estoy esperando.

(Vase MANRIQUE.*)*

           Quedareme imaginando
           a solas, sin mí y conmigo,   1770
           el dudoso fin que sigo
           y la obligación que tiene
           quien a hacer discursos viene
           en la opinión de un amigo.
              Yo de don Lope lo soy   1775
           tanto que no ha celebrado
           amigo más obligado
           la Antigüedad hasta hoy.

1776-1778 *tanto que no ha celebrado / amigo más obligado / la Antigüedad hasta hoy:* la literatura clásica de la que se nutría la época de Calderón abunda en amistades célebres, por lo que era habitual ponderar las amistades en estos términos. Compárese en *La dama duende:* «Don Juan de Toledo es, Cosme, / el hombre que más profesa / mi amistad, siendo los dos / envidia, ya que no afrenta, / de cuantos la Antigüedad / por tantos siglos celebra» (vv. 51-56).

    Huésped en su casa soy;
su hacienda gasto, y es mía;   1780
su vida y alma me fía;
pues, ¿cómo, ¡cielos!, podré
ser ingrato a tanta fe,
amistad y cortesía?
    ¿Podré yo ver y callar   1785
que su limpio honor padezca,
sin que mi vida le ofrezca
para ayudarle a vengar?
¿Podré yo ver murmurar
que este castellano adore   1790
a Leonor, que la enamore,
y le dé lugar Leonor,
y padeciendo su honor
yo lo sepa y él lo ignore?
    No podré; pues si él quedara   1795
satisfecho siendo mía
la venganza, en este día
al castellano matara.
A él sin él yo le vengara,
prudente, advertido y sabio;   1800
mas de la intención del labio
satisfacción no se alcanza,
si el brazo de la venganza
no es del cuerpo del agravio.
    Hoy a don Lope diré   1805
clara y descubiertamente
que no hable al Rey ni se ausente;
mas si me dice: «¿Por qué?»,
¿cómo le responderé
la causa? Duda mayor   1810
es esta, que al que el valor
eterno honor le previene
quien dice que no le tiene
es quien le quita el honor.
    ¿Qué debe hacer un amigo   1815
en tal caso? Pues entiendo
que si lo callo, le ofendo,

y le ofendo si lo digo;
oféndole si castigo
su agravio. Yo fui su espejo; 1820
¿por qué bien no le aconsejo?
Mas él mismo viene allí. *(Mira atrás.)*
No ha de quejarse de mí;
él me ha de dar el consejo.

(Salen DON LOPE *y* MANRIQUE.)

DON LOPE. *(Ap. los dos.)* Vuélvete, Manrique, 1825
[y di
que luego a la quinta voy,
que esperando a hablar estoy
al Rey.
MANRIQUE. Don Juan está allí,
y viene a hablarte. *(Vase Manrique.)*
DON LOPE. *(Ap.* ¡Ay de mí!,
¿qué puede haber sucedido? 1830
¿A qué puede haber venido?)
Don Juan, pues ¿qué hay por acá?
(Ap. ¡Oh cómo un cobarde está
siempre a su temor rendido!)
DON JUAN. Don Lope amigo, yo vengo, 1835
si estamos solos los dos,
a aconsejarme con vos
en una duda que tengo.
DON LOPE. *(Ap.* Ya para oír me prevengo
alguna desdicha mía.) 1840
Decid.
DON JUAN. Un caso me envía
un amigo a preguntar,
y quiérole consultar
con vos.
DON LOPE. ¿Y es?
DON JUAN. Jugando un día
dos hidalgos, se ofreció 1845
una duda, en caso tal
forzosa, sobre la cual

uno a otro desmintió;
con las voces, no lo oyó
entonces el desmentido; 1850
un amigo lo ha sabido,
y que se murmura de él;
y por serlo tan fiel,
esta duda se ha ofrecido:
　　si este tendrá obligación 1855
de decirlo claramente
al otro que está inocente,
o si dejar es razón
que padezca su opinión,
pues él no basta a vengalle. 1860
Si lo calla, es agravialle,
y si lo dice, es error
de amigo. ¿Cuál es mejor:
que lo diga o que lo calle?

DON LOPE.　　Dejadme pensar un poco. 1865
(Ap. Honor, mucho te adelantas,
que una duda sobre tantas
bastará a volverme loco.
En otro sujeto toco
lo que ha pasado por mí. 1870
Don Juan pregunta por sí;
luego alguna cosa vio.
¿Haré que la diga? No;
pero que la calle, sí.)
　　Don Juan, yo he considerado 1875
—si es que mi voto he de dar—
que no puede un hombre estar
ignorante y agraviado.
Aquel que ha disimulado
su ofensa por no vengalla 1880
es quien culpado se halla;
porque en un caso tan grave,
no yerra el que no lo sabe,
sino el que lo sabe y calla.
　　Y yo de mí sé decir 1885
que si un amigo cual vos,

  siendo quien somos los dos,
tal me llegara a decir,
tal pudiera presumir
de mí, tal imaginara,　　　　　　　　1890
que el primero en quien vengara
mi desdicha fuera en él;
porque es cosa muy crüel
para dicha cara a cara.
  Y no sé que en tal rigor　　　　1895
haya razón que no asombre,
con que se le pueda a un hombre
decir: «No tenéis honor».
¡Darme el amigo mayor
el mayor pesar! Testigo　　　　　　　1900
es Dios, otra vez lo digo,
que si yo me lo dijera,
a mí la muerte me diera,
y soy mi mayor amigo.

DON JUAN. Yo quedo agora de vos　　1905
enseñado. Eso diré,
y a este amigo avisaré
que calle. Quedad con Dios. *(Vase.)*
DON LOPE. ¿Quién duda que entre los dos
pasa el caso que ponía　　　　　　　1910
en tercero, y que sabía
que Leonor matarme intenta?
Pues el que supo mi afrenta
sabrá la venganza mía,
  y el mundo la ha de saber.　　1915
¡Basta, honor! No hay que esperar,
que quien llega a sospechar,
no ha de llegar a creer.
No esperes a suceder
el mal; y pues su mudanza　　　　　1920
logra tan baja esperanza,

1887 *siendo quien somos:* de nuevo el 'soy quien soy' (véase la nota a vv. 1154-1155).

1912 *matarme:* 'causarme un sufrimiento equiparable con la muerte'.

                    volveré donde contemplo
                    que dé su traición ejemplo
                    y escarmiento mi venganza.

(Sale el REY [SEBASTIÁN] *y acompañamiento.)*

REY.   Aunque en la quinta que del Rey
                                        [la llama   1925
                    el vulgo aquesta noche duerma, digo
                    que no me he de quedar hoy en
                                              [Lisboa.
                    Esté la gente toda prevenida,
                    que desde allí saldrá la más lucida
                    a competir con plumas y colores   1930
                    del sol los rayos, del abril las flores.
DON LOPE.   *(Ap.* Cobarde al Rey me llego,
                    que esta pena, esta rabia y este fuego
                    tan cobarde me tienen que sospecho,
                    con vergüenza, dolor y cobardía, 1935
                    que todos saben la desdicha mía.)

(De rodillas.)

                    Dame tus pies; será feliz mi boca
                    que con su aliento estas esferas toca.
REY.   ¡Oh don Lope de Almeida! Si tuviera
                    en África esa espada, yo venciera   1940
                    la morisca arrogancia y bizarría.

1925-1964 *Aunque ... mayor falta:* pasaje breve pero importante en endecasílabos pareados, con algunos versos sueltos (vv. 1925, 1926, 1927 y 1938) y tres heptasílabos (vv. 1934, 1953 y 1955). Podría definirse como una silva, pero resultan extrañas la infrecuencia de los heptasílabos y la falta de rima en tres versos seguidos.

1930-1931 *a competir con plumas y colores / del sol los rayos, del abril las flores:* uso transitivo del verbo, no infrecuente en la época: «competir, en el esplendor de sus plumas y colores, con los rayos del sol y con las flores del abril».

1938 *esferas:* las esferas concéntricas que se suponía constituyen el universo astronómico; en sentido figurado aquí, la «alteza» del Rey.

Don Lope.	¿Pues pudiera quedar la espada mía
	en la paz envainada cual se os muestra,
	cuando vos, gran señor, sacáis la
	[vuestra?
	Con vos voy a morir. ¿Qué causa 1945
	[hubiera
	que en Portugal, señor, me detuviera
	en aquesta ocasión?
Rey.	¿No estáis casado?
Don Lope.	Sí, señor, mas no el serlo me ha
	[estorbado
	el ser quien soy, porque antes hoy
	[me llama
	tener mayor honor a mayor fama. 1950
Rey.	¿Cómo, recién casada,
	quedará vuestra esposa?
Don Lope.	Muy honrada
	en ver que os ha ofrecido
	a esta empresa un soldado en su
	[marido;
	que es noble, es varonil; y más sintiera 1955
	que a vuestro lado, gran señor, no
	[fuera,
	pues si antes por mi fama os acudía,
	agora por la suya y por la mía,
	y no es inconveniente a mi deseo
	el ausentarme de ella.
Rey.	Así lo creo, 1960
	que yo lo dije porque no era justo
	descasaros tan presto; y de esto gusto,
	que en vuestra casa, aunque la
	[empresa es alta,
	podréis hacer, don Lope, mayor falta.

(Vase el Rey y acompañamiento.)

1949-1950 *me llama / tener mayor honor a mayor fama:* «el afán de tener mayor honor me impulsa a buscar mayor fama».

Don Lope.   ¡Válgame el cielo!, ¿qué es esto   1965
              por que pasan mis sentidos?
              Alma, ¿qué habéis escuchado?
              Ojos, ¿qué es lo que habéis visto?
              ¿Tan pública es ya mi afrenta
              que ha llegado a los oídos   1970
              del Rey? ¿Qué mucho? ¡Fue fuerza
              ser los postreros los míos!
              ¿Hay hombre más infelice?
              ¿No fuera menor castigo,
              ¡cielos!, desatar un rayo   1975
              que con mortal precipicio
              me abrasara, viendo antes
              el incendio que el aviso,
              que la palabra de un rey,
              que grave y severo dijo   1980
              que yo haré falta en mi casa?
              Pero ¿qué rayo más vivo,
              si, Fénix de las desdichas,
              fui ceniza de mí mismo?
              ¡Cayeran sobre mis hombros   1985
              estos montes y obeliscos
              de hiedra! ¡Fueran sepulcros
              que me sepultaran vivo!
              Menos peso fueran, menos,
              que esta afrenta que ha caído,   1990
              a cuya gran pesadumbre
              ya desmayado me rindo.
              ¡Ay honor, mucho me debes!
              Júntate a cuentas conmigo.
              ¿Qué quejas tienes de mí?   1995
              ¿En qué, dime, te he ofendido?
              Al heredado valor,
              ¿no he juntado el adquirido,

1965-2142 *Válgame el cielo ... no dijo:* romance en *í-o*, elegido como forma adecuada para los discursos de don Lope y don Juan.

1993 *¡Ay honor, mucho me debes!:* verso idéntico al pronunciado por Leonor en el verso 896.

haciendo la vida en mí
desprecio al mayor peligro? 2000
¿Yo, por no ponerte a riesgo,
toda mi vida no he sido
con el humilde, cortés;
con el caballero, amigo;
con el pobre, liberal; 2005
con el soldado, bienquisto?
Casado, ¡ay de mí!, casado,
¿en qué he faltado, en qué he sido
culpado? ¿No hice elección
de noble sangre, de antiguo 2010
valor? Y agora a mi esposa
¿no la quiero, no la estimo?
Pues si en nada no he faltado,
si en mis costumbres no ha habido
acciones que te ocasionen 2015
con ignorancia o con vicio,
¿por qué me afrentas, por qué?
¿En qué tribunal se ha visto
condenar al inocente?
¿Sentencias hay sin delito? 2020
¿Informaciones sin cargo?
¿Y sin culpas hay castigo?
¡Oh locas leyes del mundo!
¡Que un hombre que por sí hizo
cuanto pudo para honrado 2025
no sepa si está ofendido!
¡Que de ajena causa —¡ajena!—
venga el [efecto] a ser mío,
para el mal, no para el bien,
pues nunca el mundo ha tenido 2030
por las virtudes de aquel
a este en más! Pues ¿por qué, digo
otra vez, han de tener

2021 *información:* aquí en el sentido de 'averiguación jurídica y legal de un hecho o delito' *(Aut.).*

          a este en menos por los vicios
          de aquella que fácilmente   2035
          rindió alcázar tan altivo
          a las fáciles lisonjas
          de su liviano apetito?
          ¿Quién puso el honor en vaso
          que es tan fácil? ¿Y quién hizo   2040
          experiencias en redoma,
          no habiendo experiencia en vidrio?
          Pero acortemos discursos,
          porque será un ofendido
          culpar las costumbres necias   2045
          proceder en infinito.
          Yo no basto a reducirlas:
          con tal condición nacimos;
          yo vivo para vengarlas,
          no para enmendarlas vivo.   2050
          Iré con el Rey, y luego,
          volviéndome del camino
          —que ocasión habrá—, también
          la tendré para el castigo.
          La más pública venganza   2055
          será que el mundo haya visto:
          sabrá el Rey, sabrá don Juan,
          sabrá el mundo, y aun los siglos
          futuros, ¡cielos!, quién es
          un portugués ofendido.   2060

(Ruido dentro de cuchilladas y sale DON JUAN *acuchillando a otros hombres que huyen de él.)*

DON JUAN.   ¡Cobardes, el satisfecho
                 soy yo, que no el desmentido!

2040 *fácil:* como a menudo en Calderón, con el sentido de 'frágil', 'delicado'. Compárese, en *Amar después de la muerte:* «flor truncada, rosa fácil» (v. 2333).

2041 *experiencias:* 'experimentos'; *redoma:* 'vasija de vidrio ancha en su fondo que va estrechándose hacia la boca' *(DRAE).* Don Lope alude, pues, en sentido figurado a experimentos químicos.

[HOMBRE] 1.	Huye, que es rayo su espada.
DON LOPE.	*(Ap. ¿*No es don Juan aquel que miro?*)*
	A vuestro lado me halláis. 2065

(Pásase al lado de DON JUAN.*)*

[HOMBRE] 2.	Muerto soy. *(Éntranse los dos.)*
DON JUAN.	Si estáis conmigo,
	poco fuera el mundo.
DON LOPE.	Ya
	huyeron. Decid qué ha sido,
	si la ocasión que tenéis
	no nos obliga a seguirlos. 2070
DON JUAN.	¡Ay, don Lope, muerto estoy!
	Hoy nuevamente recibo
	la afrenta; que en la venganza
	pensé que estaba su olvido,
	mas, ¡ay de mí!, ha sido engaño, 2075
	porque bastante no ha sido
	la venganza a sepultar
	un agravio recibido.
	Cuando me aparté de vos,
	llegué hasta este propio sitio 2080
	que bate el mar, con el fin
	que vos propio habéis venido,
	que es de volver a la quinta
	adonde habéis reducido
	vuestra casa. Previniendo 2085
	vuestra ausencia cuerdo aviso,
	llegué, pues, y en esta parte
	estaban en un corrillo
	unos hombres, y al pasar
	el uno a los otros dijo: 2090
	«Aqueste es don Juan de Silva».
	Yo, oyendo mi nombre mismo,
	que es lo que se oye más fácil,
	apliqué entrambos oídos.
	Otro preguntó: «¿Y quién es 2095
	este don Juan?». «¿No has oído

            —le respondió— su suceso?
            Pues ese fue el desmentido
            de Manuel de Sosa». Yo,
            que ya no pude sufrirlo,   2100
            saco la espada, y a un tiempo
            tales razones les digo:
            «Yo soy aquel que maté
            a don Manuel, mi enemigo,
            tan presto que de mi agravio   2105
            la última razón no dijo.
            Yo soy el desagraviado,
            que no soy el desmentido,
            pues con su sangre quedó
            lavado mi honor y limpio»,   2110
            dije, y cerrando los ojos,
            siguiéndolos he venido
            hasta aquí, porque me huyeron
            luego; que es usado estilo
            ser cobarde el maldiciente,   2115
            y así, ninguno se ha visto
            valiente, que todos hacen
            con las espaldas su oficio.
            Esta es mi pena, don Lope,
            y ¡vive Dios!, que atrevido,   2120
            que loco y desesperado
            de aquí no me precipito
            al mar o con esta espada
            mi propia vida me quito
            porque me mate el dolor.   2125
            «Este es aquel desmentido»
            dijo, no «aquel satisfecho».
            ¿Quién en el mundo previno
            su desdicha? ¿No hizo harto
            aquel que la satisfizo,   2130

2098-2099 *fue el desmentido / de Manuel de Sosa:* 'fue a quien Manuel de Sosa dio el mentís'.

2111 *cerrando los ojos:* aquí en el sentido de 'arrojarse temerariamente a hacer una cosa sin reparar en inconvenientes' *(DRAE).*

| | aquel que puso su vida
| | desesperado al peligro
| | por quedar muerto y honrado
| | antes que afrentado y vivo?
| | Mas no es así, que mil veces, | 2135
| | por vengarse uno atrevido,
| | por satisfacerse honrado,
| | publicó su agravio mismo,
| | porque dijo la venganza
| | lo que la ofensa no dijo. *(Vase.)* | 2140
| Don Lope. | ¿«Porque dijo la venganza
| | lo que la ofensa no dijo»?
| | Luego si me vengo yo
| | de aquella que me ofendió,
| | la publico, claro está; | 2145
| | que la venganza dirá
| | lo que la desdicha no;
| | y después de haber vengado
| | mis ofensas atrevido,
| | el vulgo dirá engañado: | 2150
| | «Este es aquel ofendido»,
| | y no «aquel desagraviado»;
| | y cuando la mano mía
| | se bañe en sangre este día,
| | ella mi agravio dirá, | 2155
| | pues la venganza sabrá
| | quien la ofensa no sabía.
| | Pues ya no quiero buscalla
| | —¡ay cielos!— públicamente,
| | sino encubrilla y celalla; | 2160
| | que un ofendido prudente
| | sufre, disimula y calla;
| | que del secreto colijo
| | más honra, más alabanza.
| | Callando mi intento rijo, | 2165

2143-2177 *Luego ... la crea:* quintillas. Es una estrofa poco habitual para un soliloquio.

          porque dijo la venganza
          lo que el agravio no dijo,
             pues de don Juan, que atrevido
          su honor ha restituido,
          no dijo el otro soldado: 2170
          «Este es el desagraviado»,
          sino «este es el desmentido».
             Pues tal mi venganza sea,
          obrando discreto y sabio,
          que apenas el sol la vea,   2175
          porque el que creyó mi agravio
          me bastará que la crea;
             y hasta que pueda logralla
          con más secreta ocasión,
          ofendido corazón: 2180
          sufre, disimula y calla.
          ¡Barquero!

(Sale un BARQUERO.*)*

BARQUERO   Señor.
DON LOPE.   ¿No tienes
               un barco aprestado?
BARQUERO   Sí.
               No faltará para ti,
               aunque en una ocasión vienes   2185
                  que, siguiendo a Sebastián,
               nuestro rey, que el cielo guarde,
               hasta su quinta esta tarde
               los barcos vienen y van.
DON LOPE.   Pues prevenle, porque tengo   2190
               de ir hasta mi quinta yo.
BARQUERO   ¿Ha de ser luego?
DON LOPE.   ¿Pues no?

2178 *y hasta que pueda logralla:* transición a redondillas, estrofa elegida por Calderón para la escena siguiente. Se mantendrá esta forma básica hasta el verso 2373, con una breve interrupción para dar lugar a dos quintillas y un soneto en los versos 2302-2325.

BARQUERO	Al momento le prevengo. *(Vase.)*

(Sale DON LUIS *leyendo un papel.)*

DON LUIS.	*(Ap.* Otra vez quiero leer
	letras de mi vida jueces, 2195
	porque ya es placer dos veces
	el repetido placer.

(Lee.) «Esta noche va el Rey a la quinta. Entre la gente podéis venir disimulado, donde habrá ocasión para que acabemos, vos de quejaros y yo de disculparme. Dios os guarde, Leonor».

¡Que no haya un barco en que
                             [pueda
pasar, oh suerte importuna!
¡Plegue a Dios que la fortuna 2200
nunca un gusto me conceda!)

DON LOPE.	*(Ap.* Leyendo viene un papel
	quien mi venganza previene,
	¿y quién dudará que viene
	leyendo mi afrenta en él? 2205
	¡Qué cobarde es el honor!
	Nada escucho, nada veo
	que ser mi pena no creo.)
DON LUIS.	*(Ap.* Don Lope es este.)
DON LOPE.	*(Ap.* Rigor,
	disimulemos y, dando 2210
	rienda a toda la pasión,
	esperemos ocasión
	sufriendo y disimulando;
	y pues la serpiente halaga
	con pecho de ofensas lleno, 2215
	yo, hasta verter mi veneno,
	es bien que lo mismo haga.)

(Llega a él.)

>   En muy poco, caballero,
> mi ofrecimiento estimáis,
> pues que nada me mandáis 2220
> cuando serviros espero.
>   Yo quedé tan obligado
> de vuestra gran cortesía,
> discreción y valentía,
> que en Lisboa os he buscado 2225
>   para que a vuestro valor
> servir mi espada pudiera
> cuando otra vez pretendiera
> vengarse el competidor
>   que aquí os busca aventajado, 2230
> y tanto, que de esta suerte
> pretende daros la muerte
> cuando estéis más descuidado.

DON LUIS.   Yo, señor don Lope, estimo
> merced que pagar espero, 2235
> mas yo, como forastero,
> a pediros no me animo
>   que en esta ocasión me honréis,
> por no empeñaros, señor,
> con ese competidor 2240
> de quien vos me defendéis;
>   fuera de que ya los dos
> que estamos amigos creo,
> pues ya le hablo y le veo
> del modo que estoy con vos. 2245

DON LOPE.   Créolo; pero mirad
> vuestro riesgo con cuidado,
> que amistad de hombre agraviado
> no es muy segura amistad.

DON LUIS.   Yo al contrario siento, y digo 2250
> cuando su amistad procuro:

2219 *mi ofrecimiento:* referencia o lo dicho en los versos 1673-1678.

2245 *ya le hablo y le veo / del modo que estoy con vos:* ambigüedad intencional y maliciosa de don Luis, siendo don Lope su verdadero competidor. El diálogo que sigue abunda en tal ironía dramática.

	¿de quién estoy más seguro	
	si lo estoy de mi enemigo?	
DON LOPE.	Aunque argüiros podía	
	con razón o sin razón,	2255
	seguid vos vuestra opinión,	
	que yo seguiré la mía.	
	Y decidme, ¿qué buscáis	
	por aquí?	
DON LUIS.	Un barco quisiera	
	en que hasta la quinta fuera	2260
	del Rey.	
DON LOPE.	A tiempo llegáis	
	que os podré servir; creed	
	que yo le tengo fletado.	
DON LUIS.	Ocasión la gente ha dado	
	a recibir tal merced;	2265
	que siendo tanta, no ha habido	
	en qué pasar, y yo quiero	
	ver facción que considero	
	que otra vez no ha sucedido.	
DON LOPE.	Pues conmigo iréis. *(Ap.* Llegó	2270
	la ocasión de mi venganza.)	
DON LUIS.	*(Ap.* ¿Cuál hombre en el mundo [alcanza	
	mayor ventura que yo?)	
DON LOPE.	*(Ap.* A mis manos ha venido,	
	y en ellas ha de morir.)	2275
DON LUIS.	*(Ap.* ¡Que me viniese a servir	
	de tercero su marido!)	

(Sale el BARQUERO.)

2254 *argüir:* aquí en el sentido de 'disputar impugnando la sentencia u opinión de otro' *(DRAE).*

2257 *yo seguiré la mía:* otra ambigüedad intencional, esta vez por parte de don Lope. Dirigidas a don Luis, sus palabras significan que no comparte su parecer en la cuestión bajo discusión. Pero significan a la vez: 'Haré lo que impone mi honor', matándole.

2268 *facción:* 'acometimiento de soldados, o ejecución de alguna empresa militar, para ganar gloria y honra contra los enemigos' *(Aut.).*

BARQUERO	Ya el barco ha llegado.
DON LOPE.	Entrad

        vos en el barco primero,
        porque yo a un crïado espero.   2280
        Pero no: vos le esperad,
          pues conocéis el crïado;
        que al barco nos vamos ya.

BARQUERO   No entréis en él, porque está
        solo y a una cuerda atado   2285
          que no estará muy segura.

DON LOPE.   Buscad al crïado vos,
        que allí esperamos los dos.

DON LUIS.   *(Ap.* ¿Quién ha visto igual ventura?
        Él me lleva de esta suerte   2290
        adonde a su honor me atrevo.)

DON LOPE.   *(Ap.* Yo de esta suerte le llevo
        donde le daré la muerte.)

(Vanse; queda el BARQUERO.*)*

BARQUERO   El crïado no vendrá
        en mil horas, según creo.   2295
        Mas ¿qué es aquello que veo?

(Mira adentro.)

        ¡Desasido el barco está!
          ¡Rompiose la cuerda! Dios
        solo los puede amparar,
        que sin duda que en el mar   2300
        tendrán sepulcro los dos. *(Vase.)*

(Salen MANRIQUE *y* SIRENA.*)*

MANRIQUE.   Sirena, cuyo mirar
        suspende, enamora, encanta,

> ¿vienes acaso a escuchar
> a su orilla cómo canta 2305
> la sirena de la mar?
> Oye un soneto oportuno,
> heroico, grave y discreto;
> [no te parezca importuno,]
> porque este es el un soneto 2310
> de los mil y ciento y uno.

«A una cinta verde. Soneto.»

> Cinta verde, que en término
> [sucinta,
> su cinta pudo hacerte aquel dios tinto
> en sangre que gobierna el globo
> [quinto,
> para que Venus estuviese encinta. 2315

2305-2306 *cómo canta / la sirena de la mar:* nueva alusión a la sirena mitológica (véase la nota al verso 840), inocente en boca de Manrique, pero cargada de ironía dramática en el contexto del naufragio que está provocando don Lope al mismo tiempo.

2310-2311 *porque este es el un soneto / de los mil y ciento y uno:* alusión a lo prometido anteriormente en los versos 860-861.

2312-2325 *Cinta verde ... encaraminte:* soneto cuyo carácter burlesco queda ya de manifiesto en la rima cacofónica, que incluye en todos los versos el sonido *nt (-inta, -into, -unte, -inte)*. Nótese, además, que la propia palabra «cinta» no es empleada como rima, pero sí palabras que acaban en el mismo sonido, como «encinta» y «sucinta». El soneto ha sido estudiado detalladamente por Alan Paterson («La ciencia...», págs. 299-301).

2312 *en término sucinta:* parece ser un circunloquio culterano burlesco para decir 'siendo corta'.

2313-2314 *aquel dios tinto / en sangre:* Marte, dios de la guerra, que preside la quinta esfera celeste como planeta ('el globo quinto'). La mitología narra sus amores con Venus y detalla que, estando acostados juntos, quedaron atados a su lecho por una trampa de cadenas preparada por el marido de Venus, Vulcano. Atrapados los adúlteros en su postura vergonzosa, Vulcano los expuso al escarnio de los demás dioses (Ovidio, *Metamorfosis*, IV, vv. 169-189). Las cadenas forjadas por Vulcano se convierten en una cinta en la versión de Manrique, que alude sin duda al problema del adulterio con el que se enfrenta su amo.

La primavera tus colores pinta,
por quien yo traigo en este laberinto,
tamaño como pasa de Corinto,
el corazón más negro que la tinta.
   Hoy tu esperanza a mi temor
      [se junte,   2320
porque en su verde y amarillo tinte
Amor flemas y cóleras barrunte;
   que como a mí de su color me pinte,
no podrá hacer, aunque su arpón
      [me apunte,
que mi esperanza no se encaraminte.   2325

2316 *la primavera tus colores pinta:* tal vez no tanto por las flores como por las hojas, verdes como la cinta.
2317 *este laberinto:* el amor como laberinto, tópico tomado del célebre libro de Boccaccio, el *Labirinto d'amore*. Calderón habla también del «laberinto de amor» en *Cada uno para sí* (vv. 1950-1951).
2317-2319 *traigo [...], / tamaño como pasa de Corinto, / el corazón más negro que la tinta:* Manrique compara su corazón con una pasa de Corinto por dos motivos: por su pequeñez («tamaño...») y por su color («más negro que la tinta»). Tener el corazón negro es estar melancólico, temperamento que se atribuía a los amantes; tener el corazón pequeño es lo opuesto de ser un «hombre de gran corazón», que es ser 'valiente, esforzado, generoso, magnánimo y osado' *(Aut.)*. De modo que, en la misma frase en la que se atribuye los sentimientos del amante noble, Manrique reconoce carecer de las virtudes heroicas que se supone cultivan los nobles.
2320 *tu esperanza a mi temor se junte:* la cinta, por ser verde, representa la esperanza. Manrique, atribuyéndose el temor que posee el amante noble al desdén de su dama, se identifica con el amarillo, color del temor.
2322 *flemas y cóleras:* dos de los cuatro temperamentos que se distinguían en tiempos de Calderón. El temperamento colérico se suponía relacionado con un exceso de bilis amarilla; en cambio, no consta que se asociara la flema con el color verde, como parece exigir la lógica interna del terceto. Paterson («La ciencia...», pág. 301) resuelve el problema suponiendo que las flemas blancas son el semen de Manrique, que «Amor barrunta» será eyaculado al cumplirse sus esperanzas.
2323 *su color:* el de la cinta, color de la esperanza.
2324 *aunque su arpón me apunte:* el arpón es la flecha de Cupido («Amor»), y parece lógico dar a «apuntar» el sentido de 'asestar el tiro de la flecha [...] a la parte opuesta donde se pone la mira: como a un hombre, a una fiera, a una ave, a un blanco, a una muralla, etc.' *(Aut.)*. Resulta innecesariamente rebuscada, a mi juicio, la explicación de Paterson, según la cual «apuntar» significa

SIRENA.	¡Qué lindo soneto has hecho!	
	Pero enseña a ver si es verde	
	la cinta.	
MANRIQUE.	En bien se me acuerde	
	lo que la cinta se ha hecho.	
	Así estaba cierto día	2330
	junto al Tajo, en su frescura	
	contemplando tu hermosura,	
	Sirena, y la dicha mía;	
	saqué aquella cinta bella	
	para aliviar mi esperanza,	2335
	y culpando tu mudanza	
	empecé a llorar con ella.	
	Besábala con placer,	
	y un águila que me vio	
	llegarla al labio, pensó	2340
	que era cosa de comer.	
	Bajó de una piedra viva,	
	y con gran resolución	
	arrebatome el listón	
	y volvió a subirse arriba.	2345
	Yo, aunque con gran ligereza	
	subir a su nido quiero,	
	no pude hallar un caldero	
	que ponerme en la cabeza.	
	Con esta ocasión se pierde	2350
	de tu listón la memoria.	
	Esta es, Sirena, la historia	
	llamada *El águila verde*.	

---

aquí 'sacar punta a una arma, herramienta u otro objeto', y el arpón de Amor es una representación metafórica del pene. Compárese, en *La púrpura de la rosa*, «Venus siguió un jabalí, / y como, en fin, no es razón / que acierte con ningún puerco / ningún amoroso arpón, / erró el tiro» (pág. 1769; modifico la puntuación).

2325 *encaramintar:* verbo inventado por Calderón, acentuando la ridiculez del soneto con un ripio final. Deriva sin duda de «encaramar»: 'subir alguna cosa en alto' *(Cov.);* el sentido directo es, pues, 'levantarse la esperanza'; pero Paterson ve en esta palabra una alusión a la erección del pene.

Sirena.	Pues óyeme lo que a mí	
	después acá me pasó.	2355
	Estando en el campo yo,	
	volar un águila vi,	
	que era la misma, pues viendo	
	no ser cosa de comer,	
	la cinta dejó caer	2360
	junto a mí; y yo, acudiendo	
	a ver lo que había caído,	
	hallé entre las flores puesta	
	la cinta. Mira si es esta.	

(Saca la cinta.)

Manrique.	Notable suceso ha sido.	2365
Sirena.	Más notable será agora	
	la venganza.	
Manrique.	Mejor es	
	dejarlo para después,	
	que sale al campo señora.	

(Vase Manrique *y sale* doña Leonor, *triste.)*

Doña Leonor.	¿Sirena?	
Sirena.	Señora.	
Doña Leonor.	Mucha	2370
	es mi tristeza.	
Sirena.	¿Pues no	
	sabré qué es la causa yo?	
Doña Leonor.	Ya la sabes; pero escucha:	
	Desde la noche triste	

2369 *señora:* 'tu señora'.
2374-2415 *Desde la noche triste ... tenga:* sextetos-lira con rima *aBaBcC*, salvo las últimas dos de la serie, que mantienen el esquema de rima pero varían la combinación de heptasílabos y endecasílabos *(aBabcC* y *ABaBCC,* respectivamente).

    que en tantas confusiones abrasada   2375
Troya mi casa viste,
quedando yo de todas disculpada,
don Juan más engañado,
libre don Luis, don Lope asegurado;
    después que, por la ausencia   2380
que quiere hacer, en esta hermosa
                          [quinta
—adonde la excelencia
de la naturaleza borda y pinta
campaña y monte altivo—
más estimada de don Lope vivo,   2385
    perdí, Sirena, el miedo
que a mi propio respeto le tenía,
pues si escaparme puedo
de lance tan forzoso, la osadía
ya sin freno me alienta;   2390
que peligro pasado no escarmienta.
    A aquesto se ha llegado
ver a don Lope más amante agora,
porque desengañado,
si algo temió, su desengaño adora   2395
y en amor le convierte.
¡Oh cuántos han amado de esta
                          [suerte!,
    ¡oh cuántos han querido,
recibiendo por gracias los agravios!
De este error no han podido   2400
librarse los más doctos, los más sabios;
que la mujer más cuerda,
de haber amado, amada no se
                          [acuerda.
    Cuando don Luis me amaba,
pareció que a don Luis aborrecía;   2405
cuando sin culpa estaba,

2375-2376 *abrasada / Troya:* don Lope equipara su casa metafóricamente con la ciudad sitiada y finalmente incendiada por los griegos.
2392 *se ha llegado:* 'se ha allegado', 'se ha juntado'.

            pareció que temía;
            y ya —¡qué loco extremo!—
            ni amo querida, ni culpada temo,
              antes amo olvidada y ofendida,   2410
            antes me atrevo cuando estoy culpada;
            y pues para mi vida
            hoy sigue al Rey don Lope en la
                                            [jornada,
            escribí que don Luis a verme venga,
            y tenga fin mi amor, y el gusto tenga.   2415

(Sale DON JUAN *como pesaroso.)*

DON JUAN.   *(Ap.* ¡No sé cómo el corazón
                     tan grandes rigores sufre
                     sin que se rinda a los golpes
                     de una y otra pesadumbre!)
DOÑA LEONOR.   ¡Señor don Juan! Pues ¿no viene   2420
               con vos don Lope?
DON JUAN.   No pude
               esperarle, aunque él me dijo
               que antes que en el mar sepulte
               el sol sus rayos, vendrá.
DOÑA LEONOR.   ¿Cómo puede, si ya cubren   2425
               al mundo lóbregas sombras,
               y al cielo pálidas nubes?
DON JUAN.   A mí me trujo violento
               un gran disgusto que tuve,
               y esperar no puede a nadie   2430
               el que de sí mismo huye.

2415 *y tenga fin mi amor, y el gusto tenga:* evidentemente, Leonor está sucumbiendo a la tentación. Como señalé en el apartado «Esta edición» (págs. 87-88), curiosamente, en los testimonios impresos este verso se sustituye por uno de sentido mucho menos claro: «y tenga fin mi amor, porque él lo tenga».

2416-2525 *No sé... sufre:* romance bastante corto cuyo núcleo es la relación de don Lope en versos 2464-2510. La elección de la asonancia en *ú-e*, de considerable dificultad y poco frecuente, puede tener que ver con el propósito de rimar en «sufre», palabra que constituye la primera y última rima del romance.

Don Luis.	¡Válgame el cielo! *(Dentro.)*	
Doña Leonor.	¿Qué voz tan lastimosa discurre el viento?	
Don Juan.	En tierra no hay nadie.	
Doña Leonor.	En las ondas se descubre del mar un bulto, que ya siendo trémulas las luces del día, no se termina quién es.	2435
Don Juan.	Osado presume escaparse, pues parece que hacia nosotros le induce piedad del cielo. Lleguemos donde valientes le ayuden nuestros brazos.	2440
Don Lope.	¡Ay de mí! *(Dentro.)*	
Don Juan.	Llegad.	

(Sale DON LOPE *desnudo y mojado con una daga, con una tabla o sin ella.)*

Don Lope.	¡Oh tierra, oh patria dulce del hombre!	2445
Don Juan.	¿Qué es lo que veo? ¿Don Lope?	
Doña Leonor.	¿Esposo?	
Don Lope.	No pude hallar puerto más piadoso que el que en tal favor acude a mi fatiga. ¡Oh Leonor! ¡Oh mi bien! No es bien que dude que el cielo me ha prevenido	2450

2438 *terminar:* aquí, como en otros lugares en Calderón, con el sentido de 'determinar', 'distinguir', 'discernir'. Compárese en *La vida es sueño,* cuando Clarín cree ver desde lejos la torre de Segismundo: «o miente mi deseo, / o termino las señas» (vv. 54-55).

2441 *induce:* 'conduce', 'atrae'.

	con sus favores comunes	
	tan grande dicha, en descuento	
	de tan grande pesadumbre.	2455
	¡Amigo!	
Don Juan.	¿Qué ha sido esto?	
Don Lope.	La mayor lástima incluye	
	aquesta ventura mía	
	que vio el mundo.	
Doña Leonor.	Como ayude	
	el cielo mis esperanzas	2460
	y vivo estéis, no hay quien culpe	
	a la fortuna, aunque usase	
	de su trágica costumbre.	
Don Lope.	Hablé al Rey, busqueos a vos	
	y, como hallaros no pude,	2465
	fleté un barco. Estando ya	
	para entrar en él, acude	
	a mí un galán caballero	
	—cuyo nombre apenas supe,	
	que pienso que era un don Luis	2470
	de Benavides—; acude	
	diciéndome que por ser	
	forastero, a quien se suple	
	un cortés atrevimiento,	
	me ruega que no le culpe	2475
	el pedirme que en el barco	
	le traiga; que es bien procure	
	ver en la quinta del Rey	
	la gente cuando se junte.	
	Obligome a que le diese	2480
	un lugar, y apenas hube	

2463 *su trágica costumbre:* la costumbre de la fortuna de traer males. La asociación entre Fortuna y la tragedia es habitual en Calderón.

2470-2472 *pienso que era un don Luis / de Benavides:* en ningún momento de la comedia don Lope ha obtenido respuesta a su pregunta en los versos 1100-1101: «¿quién es este / caballero castellano...?». Podría habérselo dicho, harto imprudentemente, el propio don Luis en el barquillo; pero véase nuestra nota al verso 2551.

                        entrado con él, y el barco
                        de los dos el peso sufre
                        —que el barquero aún no había
                                [entrado—,
                        cuando el cabo, a quien le pudren   2485
                        las mismas aguas del mar,
                        falta, porque le recude
                        una onda reciamente
                        a cuyo golpe no pude
                        resistir, aunque tomé   2490
                        los remos. Al fin, no tuve
                        fuerza, y los dos en el barco
                        entrando por las azules
                        ondas del mar, padecimos
                        mil saladas inquietudes.   2495
                        Ya de los montes del agua
                        ocupé las altas cumbres,
                        ya en bóvedas de zafir
                        sepulcro en su arena tuve.
                        Al fin, guiado a esta parte,   2500
                        a vista ya de las luces
                        de tierra, chocando el barco,
                        de arena y agua se cubre.
                        El gallardo caballero,
                        a quien yo librar no pude   2505
                        por apartarnos la fuerza
                        del golpe, sin que se ayude
                        a sí mismo, se rindió
                        al mar, donde le sepulte
                        su olvido.
DOÑA LEONOR.   ¡Ay de mí! *(Desmáyase.)*
DON LOPE.   ¡Leonor!   2510
                        ¡Mi bien, mi esposa! ¡No turbes
                        tu hermosura! ¡Ah, cielo mío!
                        Un hielo manso discurre
                        por el cristal de sus manos.

2487 *recudir:* 'resaltar o arrojar de una parte a otra' *(Aut.)*.

201

	¡Ay don Juan!, la pesadumbre	2515
	de verme así no fue mucho	
	que la rindiese; no sufren	
	corazones de mujer	
	que estas lástimas escuchen.	
	Llevadla al lecho entre todos.	2520
Don Juan.	*(Ap.* ¡Qué bien en un hombre luce	
	que, callando sus agravios,	
	aun las venganzas sepulte!	

(Llévanla entre dos.)

	De esta suerte ha de vengarse	
	quien espera, calla y sufre.) *(Vase.)*	2525
Don Lope.	Bien habemos aplicado,	
	honor, con cuerda esperanza,	
	disimulada venganza	
	a agravio disimulado.	
	Bien la ocasión advertí	2530
	cuando la cuerda corté,	
	cuando los remos tomé	
	para apartarme de allí,	
	haciendo que pretendía	
	acercarme; y bien logré	2535
	mi intento, pues que maté	
	al que ofenderme quería	
	—testigo es este puñal—,	
	al agresor de mi afrenta,	
	a quien di en urna violenta	2540
	monumento de cristal.	
	Bien en la tierra rompí	
	el barco, dando a entender	
	que esto pudo suceder	
	sin sospecharse de mí.	2545
	Pues ya que, conforme a ley	
	de honrado, maté primero	

2526-2601 *Bien habemos aplicado ... tierra, agua, fuego y viento:* el soliloquio de don Lope está escrito en redondillas.

    al galán, matar espero
    a Leonor: no diga el Rey,
       viendo que su sangre esmalta   2550
    el lecho que aún no violó,
    que no vaya porque yo
    en mi casa no haga falta;
       pues esta noche ha de ver
    el fin de mi desagravio   2555
    medio más prudente y sabio
    para acabarlo de hacer.
       Leonor, ¡ay de mí!, Leonor,
    ¡tan bella como viciosa,
    tan infeliz como hermosa,   2560
    ruina fatal de mi honor!,
       Leonor, que al dolor rendida
    y al sentimiento postrada
    dejó la muerte burlada
    en las manos de la vida,   2565
       ha de morir. Mis intentos
    solo los he de fiar,
    porque los sabrán callar,
    de todos cuatro elementos.
       Allí al agua y viento entrego   2570
    la media venganza mía,
    y aquí la otra media fía
    mi dolor de tierra y fuego,
       pues esta noche mi casa
    pienso intrépido abrasar: 2575

2551 *el lecho que aún no violó:* esto es cierto, pero don Lope no puede saberlo (lo ha afirmado antes también, en vv. 1921-1922). No es infrecuente en Calderón que los personajes conozcan hechos que, en todo rigor, no pueden haber llegado a su conocimiento. Así, en *La vida es sueño*, Rosaura resulta conocer el horóscopo de Segismundo (vv. 1650-1653) sin haber estado presente en su exposición, y Segismundo conoce a Rosaura por su nombre (vv. 2688-2689) sin haberlo escuchado antes; recuérdese también lo anotado arriba a raíz de los versos 2470-2472. Tales pequeñas incongruencias pasan inadvertidas en la representación teatral, y solo llaman la atención en una lectura detenida.

       fuego al cuarto he de pegar,
       y yo, en tanto que se abrasa,
          osado, atrevido y ciego,
       la muerte a Leonor daré,
       porque presuman que fue   2580
       sangriento verdugo el fuego.
          Sacaré acendrado de él
       el honor que me ilustró,
       ya que la liga ensució
       una mancha tan crüel;   2585
          y en una experiencia tal,
       por los crisoles no ignoro
       que salga acendrado el oro
       sin aquel bajo metal
          de la liga que tenía   2590
       y su valor deslustraba.
       Así el mar las manchas lava
       de la gran desdicha mía:
          el viento la lleva luego
       donde no se sepa de ella,   2595
       la tierra arde por no vella,
       y cenizas la hace el fuego,
          porque así el mortal aliento
       que a turbar el sol se atreve,
       consuma, arda, lave y lleve   2600
       tierra, agua, fuego y viento. *(Vase.)*

(Salen el Rey, *el* Duque de Berganza *y acompañamiento.)*

2584-2591 *ya que la liga ensució ... deslustraba:* don Lope compara su honor con el oro, que será acendrado en el fuego. La metáfora se extiende a los versos siguientes, donde «liga» (v. 2584) tiene el sentido de 'acción y efecto de alear dos metales, fundiéndolos', y el «crisol» (v. 2587) es una 'cavidad que en la parte inferior de los hornos sirve para recibir el metal fundido' *(DRAE)*.

2601 *tierra, agua, fuego y viento:* don Lope confiere dimensiones cósmicas a su venganza al explicarla en términos de los cuatro elementos que se suponía constituyen el universo sublunar. Véase Introducción, págs. 71-77.

Duque.	Pensando el mar que dormía
	segundo sol en su esfera,
	mansamente retrató
	a sus ondas las estrellas. 2605
Rey.	Vine, Duque, por el mar,
	que aunque pude por la tierra,
	me pareció que tardaba
	cuanto por aquí es más cerca,
	y habiendo estado las aguas 2610
	tan dulces y lisonjeras
	que el cielo, Narciso azul,
	se vio contemplando en ellas,
	ha sido justo venir
	donde tantos barcos vea, 2615
	cuyos fanales parecen
	mil abrasados cometas,
	mil alados cisnes, pues
	formando están competencia
	si unos con las alas corren 2620
	y otros con los remos vuelan.
Duque.	A todo ofrece ocasión
	la noche apacible y fresca.
Rey.	Entre la tierra y el mar
	deleitosa vista es esta, 2625
	porque mirar tantas quintas,
	cuyas plantas lisonjean

2602-2753 *Pensando el mar que dormía ... fin a la tragicomedia:* romance en *é-a*, de acuerdo con la convención por la que las comedias acaban casi siempre en romance. El diálogo entre el Duque y el Rey, muy cargado de amplificación lírica, ha sido diseñado, al menos en parte, para sugerir el paso del tiempo suficiente para que don Lope cometa su segundo asesinato.

2602-2603 *dormía / segundo sol en su esfera:* la luna, reflejada en el mar. El término «esfera» remite a la cosmografía entonces vigente, según la cual el universo estaría constituido por una serie de esferas concéntricas, cuyo centro sería la tierra. La «esfera» del mar es la región del agua que en esa cosmografía rodea la tierra y que a su vez está rodeada sucesivamente por la región del aire, la del fuego y las esferas celestiales.

2612 *Narciso:* personaje mitológico que se enamoró de su propio reflejo en el agua. Su historia es recogida por Ovidio en el tercer libro de las *Metamorfosis* y por el propio Calderón en *Eco y Narciso*.

                        ninfas del mar, que obedientes
                        con tanta quietud las cercan,
                        es ver un monte portátil,   2630
                        es ver una errante selva;
                        pues vistas dentro del mar
                        parece que se menean.
                        Adiós, dulce patria mía,
                        que en Él espero que vuelva,   2635
                        puesto que es la causa Suya,
                        donde ceñido me veas
                        de laurel entrar triunfante
                        de mil victorias sangrientas,
                        dando a mi honor nueva fama,   2640
                        nuevos triunfos a la Iglesia,
                        que espero ver...
[VOCES].   ¡Fuego! ¡Fuego!

(Voces dentro.)

REY.   ¿Qué voces, Duque, son estas?
DUQUE.   Fuego, dicen; y hacia allí
                la quinta que está más cerca   2645
                —y si no me engaño, es
                la de don Lope de Almeida—
                se está abrasando.
REY.   Ya veo
                con ímpetu salir de ella,
                hecha un volcán de humo y fuego,   2650
                las nubes y las centellas.
                Grande incendio, al parecer,
                de todas partes la cerca;
                parece imposible cosa
                que nadie escaparse pueda.   2655

2634-2635 *Adiós, dulce patria mía, / que en Él espero que vuelva:* ironía dramática terrible, puesto que el público contemporáneo habrá sabido muy bien que el Rey y su ejército serían masacrados en África. Nótese el contraste entre, por un lado, la paz y la festividad que transmite esta escena, y por otro, el doble asesinato de don Lope y la previsión de la derrota de Alcazarquivir.

	Acerquémonos a ver	
	si hay contra el fuego defensa.	
DUQUE.	¡Señor! ¿Tal temeridad?	
REY.	Duque, acción piadosa es esta,	
	no temeridad.	

(Sale DON JUAN *medio desnudo.)*

DON JUAN.	Aunque	2660
	cenizas mi vida sea,	
	he de sacar a don Lope,	
	que es su cuarto el que se quema.	
REY.	Detened a aqueste hombre.	

(Detiénele.)

DUQUE.	Desesperado, ¿qué intentas?	2665
DON JUAN.	Dejar en el mundo fama	
	de una amistad verdadera;	
	y pues que presente estás,	
	es bien que la causa sepas.	
	Apenas, oh gran señor,	2670
	nos recogimos, apenas,	
	cuando en un punto, un instante,	
	creció el fuego de manera	
	que parece que tomaba	
	venganza de su violencia.	2675
	Don Lope de Almeida está	
	con su esposa, y yo quisiera	
	librarlos.	

(Sale MANRIQUE, *medio desnudo, huyendo del fuego.)*

| MANRIQUE. | *(Ap.* Echando chispas, |
| | como diablo de comedia, |

2678-2679 *Echando chispas / como diablo de comedia:* alusión metaliteraria que Calderón pone, como de costumbre, en boca del criado. Compárese el comentario de Manrique en los versos 784-787.

                        salgo huyendo de mi casa;   2680
                        que soy de esta Troya Eneas.
                        Al mar me voy a arrojar,
                        aunque menor daño fuera
                        quemarme que beber agua.)

(Sale DON LOPE *medio desnudo, y saca a* DOÑA LEONOR
muerta en los brazos.)

DON LOPE.   ¡Piadosos cielos, clemencia,   2685
                   porque, aunque arriesgue mi vida,
                   escapar la tuya pueda,
                   Leonor!
REY.   ¿Es don Lope?
DON LOPE.   Yo
                   soy, señor, si es que me deja
                   el sentimiento —no el fuego—   2690
                   alma y vida con que pueda
                   conoceros para hablaros,
                   cuando vida y alma, atentas
                   a esta desdicha, a este asombro,
                   a este horror, a esta tragedia,   2695
                   yace en pálidas cenizas.
                   Esta muerta beldad, esta
                   flor en tanto fuego helada
                   —que solo el fuego pudiera
                   abrasarla, que de envidia   2700
                   quiso que no resplandezca—,
                   esta, señor, fue mi esposa,
                   noble, altiva, honrada, honesta,

2681 *Eneas:* héroe troyano y fundador mítico de Roma. Manrique se refiere a su huida de Troya durante la conquista e incendio de la ciudad por los griegos, episodio que es narrado por el propio Eneas en el libro segundo de la *Eneida* de Virgilio.

2683-2684 *menor daño fuera / quemarme que beber agua:* la aversión al agua, relacionada con la afición a la bebida, es tópica en los graciosos de Calderón. Compárese Chichón en *Darlo todo y no dar nada*: «tengo / trabada lid con el agua / por haber mi casa hecho / alianza con el vino» (vv. 41-44).

2696 *yace:* verbo en singular regido por un sujeto plural («vida y alma»).

>   que en los labios de la fama
>   deja esta alabanza eterna;   2705
>   esta es mi esposa, a quien yo
>   quise con tanta terneza
>   de amor, porque sienta más
>   el no verla y el perderla
>   con una tan gran desdicha,   2710
>   como en vivo fuego envuelta,
>   en humo denso anegada,
>   pues cuando librarla intenta
>   mi valor, rindió la vida
>   en mis brazos. ¡Dura pena!,   2715
>   ¡fuerte horror!, ¡triste suceso!,
>   aunque un consuelo me deja,
>   y es que ya podré serviros;
>   pues libre de esta manera,
>   en mi casa no haré falta.   2720
>   Con vos iré donde pueda
>   tener mi vida su fin,
>   si hay desdicha que fin tenga.

(Ap. a DON JUAN.)

>   Y vos, valiente don Juan,
>   decid a quien se aconseja   2725
>   con vos, cómo ha de vengarse
>   sin que ninguno lo sepa,
>   y no dirá la venganza
>   lo que no dijo la afrenta.

(Vase llevándola.)

2720 *en mi casa no haré falta:* alusión a las palabras anteriores del Rey, en los versos 1963-1966.

2728-2729 *y no dirá la venganza / lo que no dijo la afrenta:* alusión a las palabras anteriores de don Juan, en los versos 2141-2142.

Rey.	¡Notable desdicha ha sido!	2730
Don Juan.	*(Ap. al Rey.* Pues óigame Vuestra [Alteza	

aparte, porque es razón
que solo este caso sepa.
Don Lope sospechas tuvo
que pasaron de sospechas 2735
y llegaron a verdades;
y en resolución tan cuerda,
por dar a secreto agravio
también venganza secreta,
al galán mató en el mar, 2740
porque en un barco se entra
con él solo; así el secreto
al agua y fuego le entrega,
porque el que supo el agravio
solo la venganza sepa.) 2745

Rey. Es el caso más notable
que la Antigüedad celebra,
porque secreta venganza
requiere secreta ofensa.

Don Juan. Esta es verdadera historia 2750
del gran don Lope de Almeida,
dando con su admiración
fin a la tragicomedia.

2746-2747 *Es el caso más notable / que la Antigüedad celebra:* es decir que el caso es más notable que ninguno narrado en la literatura clásica. Compárese anteriormente (vv. 1775-1777) cómo pondera don Juan su amistad con don Lope asimismo en términos de una superación de los ejemplos más célebres de la Antigüedad.

Apéndice
Variantes y notas textuales

Mantengo la ortografía original de las variantes rechazadas para esta edición. Omito algunas variantes nimias de las acotaciones (como *«Vase. Sale...»* frente a *«Vase y sale...»)*. Omito también las indicaciones de *aparte*, que brillan por su ausencia en los primeros testimonios impresos, y están todas tomadas del manuscrito. Justifico en nota algunas decisiones.

8-9	y que Marte ceda / a Amor QC, S, Q, VT] y que a marte exceda / amor M.
10	vez M, Q, VT] voz QC, S.
15	Yo estimo vuestro gusto y vuestro aumento QC, M, S, Q] Yo estimo vuestro gusto, y vuestro aumento, / y me alegro de vuestro casamiento VT[1].
17	en la guerra QC, S, Q, VT] con la guerra M.
19	ese laurel divino QC, S, Q, VT] ese balor divino M.
21+ acot.	Vase el Rey QC S Q VT] Vase M.
22	supiera QC, S, Q, VT] pudiera M.
32	olas M, VT] alas QC, S, Q.

---

[1] Verso interpolado por Vera Tassis, probablemente de su propia cosecha, para proporcionar una rima con el verso anterior. La interpolación no es estrictamente necesaria, puesto que no es infrecuente en Calderón encontrar versos sin rima en las silvas, por lo que no la adopto.

45	para cuando has de enviudar M] quando vayas a embiudar QC, S, Q, VT[2].
45+ acot.	vestido pobremente M] muy pobremente vestido QC S Q; en trage pobre VT.
50	pisado QC, S, Q, VT] dejado M.
54	Gente hay aquí, no es razón QC, S, Q, VT] tente ya que no es Razon M.
55+ acot.	Ve don Lope a don Juan M] *falta en* QC, S, Q, VT.
56	Pero aguarda. No lo creo M] Aguardate, no le creo QC, S] Aguárdate, no lo creo Q, VT.
57	¿Si es verdad? ¿Si es ilusión? QC, S, Q, VT] si es berdad o es ylusion M.
58 loc.	Don Lope QC, M, S, VT] Don Juan Q.
58	Dudoso M] dudosos QC, S, Q, VT[3].
60+ acot.	Vale a abrazar y detiénele [don Juan] M] *falta en* QC, S, Q, VT.
68	Vuestras razones QC, S, Q, VT] buestras Riquezas M.
74	cobre M, VT] sobre QC, S, Q.
94	con bajeles QC, S, Q, VT] por bajeles M.
100	naves, que ciertas exceden QC, S, Q, VT] que es çierto que exceden M.
106	Luis de Camoes, VT] luis camoes QC, M, S; Luis de Camoens Q[4].
120	que nunca QC, S, Q, VT] pues nunca M.
127	enemigas las dos VT] enemigos los dos QC, M, S, Q, y VT[5].

---

[2] La preposición «para» resulta necesaria para dar el debido sentido al verso.

[3] la rima exige aquí el singular y la gramática el plural; pero cabe sobreentender: «dudoso yo...».

[4] La omisión de «de» impone una pronunciación bisílaba, muy incómoda, de «Luis», por lo que procede elegir entre VT y Q. VT se mantiene cerca del portugués («de Camões»), mientras Q españoliza el apellido.

[5] Wilson («Notes on the text...», págs. 100-101), habiendo examinado el uso de la voz «enemiga» en la época, concluyó que no era simplemente el femenino de «enemigo» y abogó por mantener la lección «enemigos los dos». A mi juicio, es imprescindible poner al menos el artículo en femeni-

134	quién QC, S, Q, VT] y quien M.
149	desdicha QC, S, M] ventura Q, VT.
156	la pena del despreciado QC, S, Q, VT] con la pena del desprezio M.
159	salía M] saliera QC, S, Q, VT[6].
173	la dio QC, M, S, Q] le dio VT.
199	pecho QC, M, S] cuerpo Q, VT.
200	palpitante M, S, Q, VT] palpitantes QC.
201	y vivo el dolor QC, S, Q, VT] si vibo el dolor M.
203	tirano error QC, S, Q, VT] villano herror M.
214	consumirle M, S, Q, VT] con su mirarle QC.
227	juntas VT] juntos QC, M, S, Q.
245	nuestros puertos QC, S, Q, VT] nuestro puerto M.
255	O su VT] ó tu QC, S, Q; y su M[7].
256	no dé QC, S, Q, VT] u den M.
258	dé QC, S, Q, VT] den M.
273	tal merced, honra y favor QC, S, Q, VT] tal merced, y tal fabor M.
273 acot.	Abrázanse M] *falta en* QC, S, Q, VT.
297	en nuestra amistad M, VT] de nuestra amistad QC, S, Q.
302	y son QC, M, S, Q] siendo, VT.
313	vuestra queja QC, S, Q, VT] buestras quejas M.
314	ni el placer QC, M, S] ó el placer Q, VT.
329	muestras QC, M, S, VT] maestras Q.

---

no, ya que remite a «hermosura y discreción»; y la enmienda de Vera Tassis sugiere que al menos ese contemporáneo sí consideraba «enemiga» como el femenino de «enemigo». Lo más probable es que la lección «enemigos los dos» deriva de un simple error de transcripción, muy plausible por el hecho de que los dos sustantivos femeninos no ocurren hasta dos versos más abajo.

[6] Parece la lección más correcta, puesto que, según el verso 162, estaba aún amaneciendo cuando salió Violante.

[7] El que la enmienda de Vera Tassis —«su» por «tu»— coincida con M da cierta legitimidad a su intervención; parece, en efecto, más lógico que don Juan hable en tercera que en segunda persona del «injusto engaño de la vida».

331-334	que las ondas ... un alma M] *falta en* QC, S, Q, VT.
345	mi mesa QC, S, Q, VT] mi Renta M.
352	que QC, S, Q, VT] pues M.
353	este QC, S, Q, VT] ese M.
355-358	este pecho ... dejad M] y este braço que os defienda, / no me respondais, dexad QC, S, Q, VT[8].
370	con mi humildad QC, S, Q, VT] en mi humildad M.
372-373	porque el mundo no la sangre / sino el vestido respeta QC, S, Q, VT] que en el mundo, no la sangre / sino el vestido Respetan M.
374	Ese M, VT] Este QC, S; Esso Q.
380	de fuego M] del fuego QC, S, Q, VT.
384	muletas QC, M, S] muletes Q, VT.
386	pedir QC, S] pedirle M; pediré Q, VT.
391+ acot.	Sale Don Bernardino, tío de don Lope, hombre mayor, y Doña Leonor, triste, y Sirena, criada, todos de camino M] Sale Don Bernardino viejo, y doña Leonor, y Sirena QC, S, Q, VT.
399	Y suspende el M] Y perdona al QC, S, Q, VT[9].
438	abrasen cuando M, VT] aurás en quanto QC, S, Q.
441	cuanto / consume QC, S, Q, VT] en tanto / consuma M.
448	de esa QC, S, Q, VT] desta M.
449	me alejas QC, S, Q, VT] te alejas M.
457	túmulos QC, S, Q, VT] tumulo M.
466	tronco QC, M, S, Q] escollo VT.

---

[8] Prefiero esta lección por los motivos aducidos en el apartado «Esta edición», págs. 85-87.

[9] La lección de los impresos aquí significaría que don Bernardino pide perdón por llorar; pero es Leonor quien está llorando. Sintagmas como «Suspended el llanto» o «El llanto suspende» están además registrados en otras obras de Calderón *(La exaltación de la cruz; Mística y real Babilonia)*, pero no expresiones similares con el verbo «perdonar» (fuente: base de datos TESO, versión 3.00, Chadwyck-Healey España 1997-1998).

469	cuando le falta su unión M] *falta en* QC, Q, S, VT[10].
481	monte, piedra QC, S, Q, VT] monte y piedra M.
498	¿Olvido donde hubo fe? QC, S, Q, VT] porque es constante mi fe M.
508	voz M] vez QC, S, Q, VT.
509	del dolor QC, M, S, Q] mi dolor VT.
513+ acot.	muy contento *falta en* QC, S, Q, VT.
517	refelice QC, S, Q, VT] y felize M.
519	ese pie QC, M, S] este pie Q, VT.
521	en el QC, M, S, Q] del VT.
525	sin ofender a QC, S, Q, VT] sin ofensa de M.
533+ acot.	Dale una cadena M] *falta en* QC, S, Q, VT.
538	prefieren QC, S, Q, VT] prefiere M.
540	soy M] es QC, S, Q.
541	hecha del M, S, VT] echad el QC, Q.
541	quieren QC, S, Q, VT] quiere M.
548	cuando sus secretos digo QC, S, Q, VT] quandos secretos digo M.
551	pasealle QC, S, Q, VT] curalle M.
554	guarda QC, S, Q, VT] guarde M.
559	lo que quiero M, VT] lo que siso QC, S, Q.
569	y murmurándole, todos QC, S, Q, VT] y murmurando, de todos M.
569+ acot.	Hablan aparte QC, S, Q] hablan aparte Leonor, y Syrena VT; *falta en* M.
569+ acot.	Salen don Bernardino, Celio, criado, y don Luis en hábito de mercader con gabán de camino M] Salen don Bernardino, y don Luis y Celio criado QC, S, Q, VT.
572	y ilumina QC, S, Q, VT] y que ylumina M.
573	rústico grano en abrasada mina M] rustico grano la abrassada mina QC, S, Q; rustico grano en la abrasada mina VT.

---

[10] Adoptando la solución de Fernández Mosquera, no coloco el verso donde figura en M, sino trocándolo de lugar con «y en amorosa prisión».

581	y la joya QC, S, Q, VT] y en joya M.
582	alguna QC, S, Q, VT] algunas M.
593	mi verdad M, VT] mi libertad QC, S, Q.
594	que visto su valor QC, S, Q, VT] que el bistoso balor M.
596	de llegar QC, S, Q, VT] de llegar yo M.
596 acot.	Dale una sortija M] *falta en* QC, S, Q, VT.
598 acot.	Llega a ella M] *falta en* QC, S, Q, VT.
605	la M] lo QC, S, Q, VT.
611	VT acota: Dasele (después de «toma el diamante»).
612	Cielos QC, S, Q, VT] cielo M.
612 acot.	Toma la sortija y, mirándola, se admira M] *falta en* QC, S, Q; Admirase VT.
623	el mismo QC, S, Q, VT] el mio M.
624+ acot.	Llegan los dos M] *falta en* QC, S, Q, VT.
626	señora QC, S, Q, VT] leonora M.
627+ acot.	Conócenle M] *falta en* QC, S, Q, VT.
636	felice QC, S, Q, VT] feliz M.
643	esa M, VT] esta QC, S, Q.
664	solamente, y me dejaron QC, S, Q, VT] solamente me dejaron M.
665+ acot.	Mira una sortija M] *falta en* QC, S, Q, VT.
668	me llevasteis QC, S, Q, VT] me llebais ya M.
676	para dar gusto de vellas QC, S, Q, VT] para dar gusto con ellas M.
694	los QC, S, Q, VT] lo M.
698+ acot.	Dásele M] *falta en* QC, S, Q, VT.
705+ acot.	Sale Manrique M] *falta en* QC, S, Q; Ruido dentro VT[11].
707	VT acota: Mirando dentro.
707-710	A partir de la intervención de don Luis, en M el texto va atribuido de la siguiente forma:

---

[11] No consta en ningún lugar que Manrique haya abandonado el escenario, como se deduce de esta acotación del manuscrito; pero no resulta inverosímil que haya ido al encuentro de don Lope. Es significativo que Vera Tassis, manejando Q, sintiera la necesidad de añadir dos acotaciones (aquí y en v. 707) para explicar la intervención de Manrique.

	Don Luis. ¿Habrá en desdicha igual / mal que compita a mi mal? / —Doña Leonor. ¿Ni dolor con mi dolor? / —Don Luis. ¡Qué veneno! —Doña Leonor. ¡Qué crueldad!
711+ acot.	y Celio M] *falta en* QC, S, Q, VT[12].
714	le place QC, S, Q, VT] le aplaze M.
717	es tahúr que dice y hace QC, S, Q, VT] hasta ber que dize y haze M.
718	podrá QC, M, S, Q] podrás VT.
726	causa a mi mudanza ha dado QC, S, VT] causa a tu mudanza ha dado Q; todo me causa cuidado M.
727	que a mi olvido no ha podido QC, S, Q, VT] causa mi mudanza a sido M.
731	mudable mujer M] mudable o muger QC, S, Q, VT.
738	Esta dices que creíste QC, S, Q, VT] dizes al fin que creiste M.
745	culpes QC, M, S] culpas Q, VT.
747	también ha de hablar contigo QC, M, S] también hablar contigo Q; también hablaré contigo VT.
747+ acot.	Salen don Lope, don Bernardino, don Juan y Manrique, gracioso, detrás; y Celio M] Salen don Lope, don Bernardino, y Manrique QC, S, Q, VT[13].
755	mejor QC, M, S, Q] mayor VT.
758	acertó QC, S, Q, VT] azerte M.
762	viese QC, S, Q, VT] viera M. los versos 766, 767 y 770 M dan las rimas fuera, pudiera y rindiera.
763	y vivo y muerto sólo QC, S, Q, VT] vibo y muerto señor M.

---

[12] Parece lógico que Celio abandone el escenario, permitiendo que don Luis y Leonor se queden solos.

[13] Don Juan no interviene más en esta jornada, por lo que es difícil saber si está presente o no. Ha sido su deseo expreso no «deslucir» la «nobleza» de don Lope con su presencia (vv. 370-371), pero don Lope ha insistido en que le acompañe (v. 378), por lo que la acotación de M parece acertada. En cuanto a la presencia de Celio, véase la variante de la acotación 711+.

217

764	sólo QC, S] sola M, Q, VT.
765	fuese QC, S, Q, VT] fuera M.
766	pudiese QC, S, Q, VT] pudiera M.
769	rindiese QC, S, Q, VT] rindiera M.
770	temeroso M] temerosa QC, S, Q, VT.
772	pago un amor QC, M, Q, VT] pago a un amor S.
774	como esposo QC, M, S, Q] como a esposo, VT.
777	invictos brazos QC, M, S, VT] braços invictos Q.
779	de deudo, amistad y amor QC, S, Q, VT] de deuda, amistad y honor M.
780	agora QC, M, S, VT] ahora Q.
787+ acot.	Vanse todos llevándola de la mano y quedan Celio y Don Luis como elevado M] Vanse QC, S, Q, VT.
790	prevén el daño QC, S, Q] repara el daño M, VT.
802	Mas qué me podrá matar QC, S, Q, VT] con que me bendre a matar M.
809	te pones QC, S, Q, VT] te opones M.
811	hablaron QC, M, S, Q] hablaban VT.
811+ acot.	Refiere el soneto M] *falta en* QC, S, Q, VT.
812-819	Lo mismo como la primera vez que figura este soneto (vv. 763-70), M da a las rimas las formas «viera», «fuera», «pudiera» y «rindiera».
813	y vivo y muerto sólo VT] y viuo y muerto siempre QC, S, Q; vibo y muerto señor M[14].
814	sólo QC, S] sola M, Q, VT.
820	temeroso M] temerosa QC, S, Q, VT.
824	como esposo QC, M, S, Q] como a esposo VT.
828	sea mi QC, S, Q, VT] sea a mi M.
834	suerte atrevida M, VT] suerte a tu vida QC, S, Q.
859	concetos QC, M, S] conceptos Q, VT.

---

[14] Como don Luis «refiere el soneto» pronunciado antes por Leonor, resulta aconsejable editarlo de manera idéntica. El segundo verso del soneto según QC parece ser una mejora sobre M, que por error no salió igual en las dos versiones. Vera Tassis, al parecer, se dio cuenta de la diferencia; adopto su solución.

862	Por ver tanta sonetada QC, M, S] por verme tan soneteada Q, VT.
864	sale QC, M, S] viene Q, VT.
864+ acot.	Dale una cinta verde y vase, y sale doña Leonor M] Vase Manrique, y sale Leonor QC, S, Q, VT.
865	Ya vuelvo determinada QC, S, Q, VT] Y biene determinada M (locutor MANRIQUE, antes de entrar).
867	M acota: aparte.
868-869	porque mi vida y mi honor / ya no es mía, es de mi esposo QC, S, Q, VT] que al fin el primer amor / le quita al alma el Reposo M.
879	tal QC, S, Q, VT] ygual M.
892	falta QC, M, S, VT] falte Q.
894	su posada QC, M, S] la posada Q, VT.
896 loc.	LEONOR M] DON LOPE QC, S, Q, VT.
896	Ay honor, mucho me debes QC, S, Q, VT] ay honor lo que me debes M[15].
905	comedia QC, M, S] comedias Q, VT.
912	explicar QC, S, Q, VT] ymplicar M.
913	que sea moro ni cristiano QC, S, Q, VT] que sea moro o sea cristiano M.
918 acot.	Vela M] *falta en* QC, S, Q, VT.
929	de QC, M, S, VT] del Q.
931	en mí es mudo, M, VT] en mí, mudo QC, S, Q.
932	así QC, M, S, Q] ha sido VT.
933-934	hoy en los tres llega a verse / mudo, endemoniado y ciego M] *falta en* QC, S, Q, VT.
956	obligan QC, S, Q, VT] no obligan M.

---

[15] Parece aconsejable aquí combinar M y QC. La frase, puesta en boca de don Lope al salir al escenario, no tiene sentido en el contexto de su conversación con don Juan y Manrique, por lo que M resulta más acertado en la atribución de locutor. En cambio, la variante textual de los impresos («mucho me debes» frente a «lo que me debes» en M) resulta preferible, por hacer anáfora con el verso anterior, y por su repetición en el verso 1993.

976	en esta ocasión honrarme QC, M, S] en esta ocasion de honrarme Q; en este caso has de honrarme VT.
978-979	Bien ha sido menester / con prevenciones hacerme QC, M, S, Q] Bien con estas prevenciones / fue menester que me hicieseis VT.
982	señor QC, M, S, Q] dueño VT.
1003	al QC, S] el M, Q, VT.
1019	en que QC, S, Q, VT] donde M.
1021	a no estar por esta muerte QC, S, Q, VT] a no estar de aquesta suerte M.
1028	soldado fue soldado QC, S, Q, VT] soldado fiel soldado M.
1033	aconsejarse QC, M, S] aconsejarme Q, VT.
1039	quien hiciera QC, S, Q, VT] que hiciera M.
1045	dijese QC, S, Q, VT] supiese M.
1053	¡Que tal diga! ¡Que tal piense! QC, S] ¡Que tal diga y que tal piense! M, Q, VT.
1056	oíllo QC, S, Q, VT] oir M.
1058	todos M] todo QC, S, Q, VT[16].
1059	Fuese todo lenguas, fuese M] fuera todo lenguas, fuesse QC, S, Q, VT[17].
1065	por dónde empiece QC, S, Q, VT] por do comienze M.
1066	y en paz QC, S, Q, VT] o en paz M.
1086-1087	el pecho este aliento, esta / respiración fácil, este QC, S, Q, VT] *falta en* M[18].
1091	suelen M, S, Q, VT] sueles QC.
1094	mismo QC, M, S] propio Q, VT.
1101	que a mis puertas, a mis redes M, VT] que a mis puertas y a mis redes QC, S, Q.
1110	ausentarme QC, S, Q, VT] partirme M.
1113	sino QC, S, Q, VT] pero M.

---

[16] Lugar sin duda discutible, pero sospecho que M es la lección correcta: la lengua quiere quejarse de «todos» esos «mil ojos» y «mil oídos» (vv. 1054 y 1056) por lo que han visto y oído.

[17] La repetición de «fuese» resulta más elegante.

[18] El pasaje resulta más coherente con la inclusión de estos dos versos.

1115	me obligaron a que fuese QC, S, Q, VT] me obligaron que me fuese M.
1116	intentara QC, S, Q, VT] pensara M.
1121	mudados QC, S, Q, VT] trocados M.
1125	mudaran QC, S, Q, VT] trocaran M.
1137	sagaz, prudente QC, M, S, VT] sagaz y prudente Q.
1140	Bien puede ser, pues que dice QC, S, Q, VT] si puede ser, pues ya dize M.
1141	le QC, M, S, Q] lo VT.
1155	soy quien soy, y nadie puede QC, M, S, VT] soy quien soy, nadie puede Q.
1162	turba M, S, VT] turbia QC, Q.
1172	podrás QC, S, Q, VT] podran M.
1173	tienes QC, S, Q, VT] tienen M.
1178	y en tanto que esta se llega QC, S, Q, VT] y en tanto que aquesta llama / me esté atormentando siempre, / todo seré confusiones M.
1181+ acot.	Sale Sirena cubierta con manto, y Manrique detrás de ella, queriéndola conocer M] Sale Sirena con manto, y Manrique tras ella QC, S, Q, VT.
1189	de picar QC, S, Q, VT] de pecar M.
1199	indicios QC, S] yndizio M, Q, VT.
1200 acot.	A lo socarrón M] *falta en* QC, S, Q, VT.
1204	sino a cinco en todo hoy M] sino cinco todo hoy QC, S, Q; sino cinco en todo hoy VT.
1208	Yo tampoco soy amante QC, S, Q, VT] Yo tambien, no soy amante M.
1213	el moño que sale aquí QC, S, Q, VT] el que te enseñare aqui M.
1213+ acot.	Saca un moño M] *falta en* QC, S, Q, VT.
1220	No es de aljófar lo ensartado QC, S, Q, VT] no es aljofar ensartado M.
1222+ acot.	Saca una varilla] Saca una cotilla M; *falta en* QC, S, Q, VT.
1223	varilla QC, S, Q, VT] cotilla M.
1224	es de barba de ballena M, S] es barba de vallena QC; es barba de la ballena Q, VT.

1227		costilla QC, S, Q, VT] morçilla M.
1229		buena QC, S, Q, VT] llena M.
1231		que ya todo talle miente QC, S, Q, VT] que todo tallazo miente M.
1232+ acot.		Saca una zapatilla M] *falta en* QC, S, Q, VT.
1236		enanos QC, S, Q, VT] hermanos M.
1237+ acot.		Saca un guante M] *falta en* QC, S, Q, VT.
1242+ acot.		Saca una cinta verde M] *falta en* QC, S, Q, VT.
1249		me ha de mentir o engañar M] me ha de mentir, engañar QC, S, Q, VT.
1262		le M] la QC, S, Q, VT.
1266		que es entendida, entendida QC, S, Q, VT] que sentida entendida M.
1269		ese M] este QC, S, Q, VT.
1270+ acot.		Dásele y ella mira atrás M] *falta en* QC, S, Q, VT.
1276		que él pasa QC, S, Q, VT] que pasa M.
1280+ acot.		Vase y ella se descubre M] Vase QC, S, Q, VT.
1288		importaba QC, S, Q, VT] importara M.
1289		importaba QC, S, Q, VT] importara M.
1290		sea QC, S, Q, VT] era M.
1294		M acota: quitase el manto[19].
1297		que me diga que han llorado M] que mis ojos han llorado QC, S, Q, VT[20].
1301		Y la respuesta QC, S, Q, VT] la Respuesta M.
1302+ acot.		Saca un papel de la manga M] *falta en* QC, S, Q, VT.
1315		o rompelle M] y rompelle QC, S, Q, VT.
1316		sea, M, Q, VT] fea QC, S.
1317		vea QC, S, Q, VT] lea M[21].
1318		muerta por leelle QC, S, Q, VT] muriendo por velle M.

---

[19] Acotación que contradice la del verso 1280.

[20] La lección de los impresos supone que «un picarón, un taimado» es el sujeto de «tope»; pero no me consta que «topar» pueda tener el sentido de afirmar u opinar, como exige el contexto.

[21] Aunque «lea» es tal vez mejor lección, la variante del verso siguiente sugiere que Calderón no quiso repetir el verbo «leer».

1329	veo QC, S, Q, VT] creo M.
1330+ acot.	Toma el papel y ábrele M] *falta en* QC, S, Q, VT.
1330+ acot.	Leyendo QC, S, Q, VT] *falta en* M.
1337	que de una vez M] y de vna vez QC, S, Q, VT.
1340	despreciado QC, M, S, VT] despreciando Q.
1344	olvidarse QC, S, Q, VT] obligarme M.
1344+ acot.	Llora M] *falta en* QC, S, Q, VT.
1346	Son, en fin, pasadas glorias QC, S,VT] en fin son passadas glorias M; son en fin tassadas glorias Q.
1352	reciente QC, S, Q, VT] rebento M.
1354	con seguirme y ofenderme M, S, VT] conseguirme y ofenderme en QC, Q.
1359	Oyéndole, que él dice QC, S, Q, VT] oyendo lo que dize M.
1366	Hora es ya de anochecer M] Aora es al anochecer QC, S, VT; Aora es al nochecer Q[22].
1373	a esta hora QC, S, Q, VT] a estas horas M.
1377	los dos, y entonces podrás QC, S, Q, VT] los dos, entonzes podras M.
1379	lo que él dijere QC, M, S] lo que dixere Q, VT.
1385	Ve ya por don Luis QC, S, Q, VT] be trai a don luis M.
1386	aunque en la ocasión esté M, Q, VT] aunque la ocasion esté QC, S.
1389	la que en la ocasión me pone M] la que en esta ocasion me puso en QC, S; la que esta ocasion me puso Q, VT.
1392	quedara QC, S, Q, VT] quedaba M.
1394	supiera QC, S, Q, VT] pudiera M.
1398+ acot.	Con temor mirando hacia atrás M] *falta en* QC, S, Q, VT.
1409	que habéis deseado QC, S, Q, VT] tan deseada M.

---

[22] La frase de M resulta mucho más natural y combina mejor con el verso siguiente.

1416	y a la garganta M, VT] y la garganta QC, S, Q.
1419	que ya QC, M, S, Q] y ya VT.
1436	han M, VT] ha QC, S, Q.
1442	y un papel QC, S, Q, VT] o un papel M.
1447	fuisteis VT] fuiste QC, S, Q; fuistes M.
1456	se cree QC, S, Q, VT] se be M.
1467	en Lisboa M] en Toledo QC, S, Q, VT[23].
1468	por poder QC, S, Q, VT] con poder M.
1475	ya QC, S, Q, VT] yo M.
1476	y pues que os desengañé M] y pues os desengañé QC, S, Q, VT.
1481	descanso, iré luego a Flandes QC, M, S, VT] deseando, iré luego a Flandes Q.
1484	publicó M] me ofrecio QC, S, Q, VT[24].
1485+ acot.	Túrbanse todos M] *falta en* QC, S, Q, VT.
1489	halle QC, M, S] hallen Q, VT.
1492	después QC, M, S, Q] otra vez VT.
1500	ni M] ns QC; no S, Q, VT.
1503	Temerosas M] temerosa QC, S, Q, VT.
1505+ acot.	y sacan las espadas QC, S, Q, VT.
1510+ acot.	Vase tentando por otra puerta QC, S, Q, VT] entrase por donde entro Leonor, M.
1511+ acot.	*falta en* QC, S, Q, VT.
1512	mi espada QC, S, Q, VT] la espada M.
1512+ acot.	y don Juan acuchilla al aire M] *falta en* QC, S, Q, VT.
1516+ acot.	Vase M VT] *falta en* QC, S, Q.
1519+ acot.	Mete mano M] *falta en* QC, S, Q, VT.

---

[23] Wilson («Notes on the text...», pág. 101) da por obviamente correcta la lección de QC, puesto que Leonor se casa estando en Toledo. A mi entender, en cambio, casarse por poderes conlleva precisamente la posibilidad de hacerlo legalmente en un lugar diferente de donde se esté físicamente; y en este sentido, Leonor se casa, en efecto, en Lisboa, que es donde reside la casa de Almeida.

[24] Decir que ya se «publicó» anteriormente la muerte de don Luis parece más correcto que decir que ya se le «ofreció». La imagen de la pólvora «publicando» (o sea, divulgando) la muerte de don Luis, además, no carece de belleza poética.

1523	mil bocas con la punta / desde acero. / —Leonor. ¡Luz presto! QC, S, Q, VT] mil bocas con la punta / —Leonor. balgame dios. luz presto M.
1523+ acot.	con hacha M] con luz en QC, S, Q, VT.
1524	¿Pues qué es esto? QC, M, S, VT] ¿Que es esto? Q.
1527	Algún ladrón sería M] Algún hombre seria QC, S, Q, VT.
1529	Sí, y preguntando QC, M, S] Y preguntando Q, VT.
1532	No crean QC, M, S] No crea Q, VT.
1536	mataros yo! Yo era el que salía M] mataros, yo era el mismo que sabía QC, S; mataros; yo era el mismo que salia Q, VT.
1547	dentro está, cosa es cierta QC, S, Q, VT] dentro de casa está, y es cosa cierta M.
1548	pues no pudo QC, S, Q, VT] que no pudo M.
1549	que vos entrasteis QC, S, Q, VT] *falta en* M.
1549-1550	Digo / que era yo QC, S, Q, VT] no digo que era yo M.
1551	Cosa extraña QC, S, Q, VT] es cosa estraña M.
1554	los agravios QC, S, Q, VT] sus agrabios M.
1558	guardadme aquella puerta QC, S, VT] guardadme aquesa puerta M; guárdame aquella puerta Q.
1562	Mirar QC, S, Q, VT] Entrar M.
1567	y a M, S, VT] yá en QC, Q.
1568	tendrá ejemplos el mundo QC, S, Q, VT] dara explendor al mundo M.
1573-1574	No entréis, señor, aquí; yo soy testigo / que aseguraros este cuarto puedo QC, S, Q, VT] *falta en* en M[25].
1574+	VT acota: Quiere don Lope entrar en vn aposento, y detienele Leonor.
1576	De todo QC, S, Q, VT] yo, de todo M.

---

[25] La inclusión de estos versos es imprescindible para la corrección estrófica, pero se diría que se trata de una enmienda poco hábil, y por ello, de dudosa autoridad. Véase el apartado «Esta edición», pág. 87.

1576+ acot.	Quítale el hacha M] *falta en* QC, S, Q, VT.
1577	y véteme M] y tu vete QC, S, Q, VT][26].
1578+ acot.	Éntrase, y por otra parte se va Manrique QC S Q; Banse todos M; Toma la luz, y entrase, y Manrique se vá por otra puerta VT.
1590	hallado, M] hablado QC, S, Q, VT.
1594	el miedo QC, S, Q, VT] al miedo M.
1596+ acot.	Sale don Luis embozado huyendo de don Lope, y él con la espada desnuda y el hacha en la mano M]. Sale don Luis con la espada desnuda y arrebozado, y don Lope tras el con la luz y la espada desnuda QC, S, Q; Sale Don Luis con la espada desnuda, y embozado, y trás él Don Lope con la espada desnuda, y luz VT.
1600	más que se ilustra se mancha QC, M, S, VT] mas que le ilustra, le mancha Q.
1601	donde QC, S, Q, VT] adonde en M.
1608	He sabido QC, S, Q, VT] y e sabido M.
1615	embisten QC, M, S, VT] embisté Q.
1622	o por ver M, VT] por ver QC, S, Q.
1629	calle QC, S, Q, VT] casa M.
1631	topé QC, M, S, Q] hallé, VT.
1632	¿quién va? QC, S, Q, VT] quien es M.
1634	respondí M] respondo QC, S, Q, VT[27].
1635-1638	Siento espadas ... que infamia M] *falta en* QC, S, Q, VT[28].
1644	yo QC, S, Q, VT] ya M.
1664	sufre, disimula y calla QC, S, Q, VT] un bolcan tengo en el alma M[29].

---

[26] La variante de los impresos sugiere que don Lope cambia de interlocutor, pero debe de seguir dirigiéndose a Manrique, que es quien reacciona yéndose.

[27] Aunque en la frase siguiente don Luis adopta el presente histórico, en esta ha empezado en imperfecto, por lo que M resulta preferible.

[28] Resulta difícil de imaginar que estos versos se omitieran en QC con intención.

[29] Poca duda cabe que la variante del manuscrito es del autor; pero la variante de los impresos parece una revisión bien sopesada, que resonará posteriormente en versos 1764, 2162 y 2181.

1675	se os M, VT] oy se QC, S, Q.
1681	podréis QC, S, Q, VT] podeis M.
1705-6	en mi opinión y en mi fama, / y en la voz QC, S, Q, VT] en mi opinion, en mi fama, / en la boz M.
1716+ acot.	alumbrando a don Luis, M] los dos QC, S, Q, VT.
1718	pensaba QC, M, S, Q] esperaba VT.
1719	Sólo QC, M, S, Q] Sola, VT.
1720	del que QC, M, S, Q] que el que, VT.
1724	respirar QC, S, Q, VT] Restaurarse M.
1724+ acot.	Vuelve a salir d. Lope con la hacha y la espada desnuda, y Leonor se alborota M] Sale don Lope con luz QC, S, Q; Buelbe a salir Don Lope VT.
1727	con que entró? ¿Y ya no supiste M] con que el entró, y ya supiste QC, S, Q; con que él entró? yá supiste VT.
1738	Mira, mira QC, S, Q, VT] Mira mi bien M.
1745+ acot.	Sale don Juan QC, S, Q, VT] Salen don Juan y Manrique M[30].
1750	buscando QC, M, S, Q] mirando, VT.
1753	andadla vos QC, S, Q, VT] y andaldo vos M.
1755	fuisteis QC, S, Q, VT] fuistes M.
1760	DON JUAN. —Qué valor, y qué arrogancia QC, S, Q, VT] DON JUAN. —que balor *apte.* MANRIQUE. —y que aRroganzia *apte.* M[31].

---

[30] Don Lope ha mandado a Manrique irse (v. 1577), por lo que no resulta muy convincente su salida aquí. En M, Manrique interviene en la escena, pero en los impresos no (véase la nota a v. 1760).

[31] M es imposible; aquí si no se acepta la presencia de Manrique sobre el escenario (véase la nota anterior). M tiene además el inconveniente de la conjunción «y», que sugiere que Manrique está hablando con don Juan, mientras la acotación *«apte.»* parece significar lo contrario. En contra de QC y los otros impresos podría aducirse lo extraño que resulta que don Juan, como ha hecho don Luis un poco antes (v. 1716), tache a su amigo de arrogante; pero hay que señalar que «arrogante» tiene a veces en Calderón el valor de 'valiente, alentado y brioso' *(Aut.)*. Compárese, más adelante, el verso 1941.

1764	sufre, disimula y calla QC, S, Q, VT] disimula, sufre y calla M.
1779	soy M QC, S, Q] estoy VT.
1805	Hoy a don Lope diré M] y a don Lope diré QC; y a don Lope le diré S, Q; Yo á Don Lope le diré VT.
1811	que al que el valor QC, S, Q, VT] que a el el balor M.
1818	lo M] le en QC, S, Q, VT.
1820	su agravio. Yo fui su espejo QC, S, Q, VT] su agrabio, si fui su espejo M.
1822 acot.	Mira atrás *falta en* QC, S, Q, VT.
1829 acot.	Vase Manrique *falta en* QC, S, Q, VT[32].
1844	Jugando QC, S, Q, VT] que jugando M.
1860	basta QC, S, Q, VT] basto M.
1865	Dejadme QC, M, S, VT] Dexame Q.
1878	ignorante QC, S, Q, VT] ynozente M.
1886	si un amigo cual vos QC, S, Q, VT] si un amigo, si bos M.
1905	Yo quedo M] Y quando QC, S, Q; Ya quedo VT.
1906	diré QC, S, Q, VT] hare M.
1907	avisaré QC, S, Q, VT] lo dire M.
1908 acot.	Vase M] vanse QC, S, Q, VT[33].
1911	en tercero, y que sabía M, VT] en tercero que sabia QC, S, Q.
1916	honor VT] amor M QC, S, Q[34].
1919	No esperes a QC, S, Q] a que espere a M; ni esperar a VT.
1925	llama M] llaman QC, S, Q, VT.

---

[32] Como don Lope acaba de mandar a Manrique a la quinta, parece mucho más lógico que Manrique se vaya en este punto, como acota M, que no más adelante, junto con don Juan, como indican los impresos (acotación al v. 1908).

[33] Véase la nota al verso 1829.

[34] Las cavilaciones y decisiones de don Lope tienen que ver con su honor, no con su amor. Parece razonable suponer que este lugar ya estaba corrupto en el antepasado común de QC y M.

1934	tienen M] tiene QC, S, Q, VT.
1936+ acot.	De rodillas M] *falta en* QC, S, Q, VT.
1938	con su aliento QC, S, Q] con aliento M.
1938	estas M QC, S, Q; essas VT.
1939	Oh don M] Adonde QC, S; Ha don Q, VT.
1941	arrogancia y bizarría M] arrogancia, bizarria QC, S, Q; arrogante bizarria VT.
1943	envainada cual se os muestra M] embainada, que esse os muestra QC, Q; embaynada, que se os muestra S; en la vayna que se os muestra VT. En M, los versos 1945-1946 se atribuyen al Rey.
1950	tener QC, S, Q, VT] señor M[35].
1951	casada QC, S, Q, VT] casado M.
1964+ acot.	Vase el Rey y acompañamiento QC, S, Q, VT] Vanse y queda solo don Lope M.
1971	fue fuerza M QC, S] fuerça Q; si es fuerça VT.
1974	menor QC, S, Q, VT] menos M.
1979	de un M QC, S] del Q, VT.
1990	que ha caído QC, S] que oy he oído M; en que he caido Q, VT.
2008	en qué he sido QC, M, S, VT] en que sido Q.
2011	agora M QC, S] aora Q, VT.
2013	si en nada no M QC, S, Q] si yo en nada VT.
2017	me afrentas M QC, S] afrentas Q, VT.
2020	delito QC, S, Q, VT] delitos M.
2021	cargo QC, S, Q, VT] cargos M.
2022	castigo QC, S, Q, VT] castigos M.
2024	hizo M, VT] hijo QC, S, Q.
2027	ajena M QC, S, Q] agora VT.
2028	efecto] defecto QC, S, Q, VT; afecto M.
2042	vidrio QC, S, VT] vidro M, Q.
2044	un QC, S, Q, VT] el M.
2045	culpar las QC, S, Q, VT] culpando M.

---

[35] Ambas lecciones parecen aceptables, pero la repetición de «señor» en M (cfr. v. 1948) no resulta muy convincente.

2050	para QC, S, Q, VT] puedo M.
2053	habrá M, Q, VT] obra QC, S.
2058	aun los siglos VT] en los siglos M QC, S, Q.
2060+ acot.	acuchillando a tres hombres que huyen de él M] y otros huyendo dél, y vanse QC, S, Q, VT.
2065+ acot.	Pásese al lado de don Juan M] *falta en* QC, S, Q, VT.
2066 acot.	Éntranse los tres M] *falta en* QC, S, Q, VT.
2073	que en la venganza QC, S, Q, VT] de mi benganza M.
2074	estaba su olvido QC, S] estaba en su olvido M, Q, VT.
2086	cuerdo aviso M] cuerdo Alonso QC, S; cuerdo entonces Q; divertido VT.
2102	les M QC, S] le Q, VT.
2113	aquí QC, S, Q, VT] que M.
2114	estilo QC, S, Q, VT] vizio M.
2118	con M] a en QC, S, Q, VT.
2129	hizo QC, S, Q, VT] haze M.
2145	la publico QC, S, Q, VT] en publico M.
2164	honra QC, S, Q, VT] honor M.
2176	el que creyó QC, S, Q, VT] aquel que oyo M.
2217+ acot.	Llega a él M] *falta en* QC, S, Q, VT.
2236	mas yo M QC, S, Q] mas oy VT.
2252	estoy más M] estaré QC, S, Q; no estaré VT.
2262	servir, creed QC, S, Q, VT] serbid, creed M.
2263	yo M QC, S] ya Q, VT.
2280	yo a un crïado Q, VT] yo un criado M QC, S.
2282	el QC, S, Q] mi M; al VT.
2287	al QC, S, Q, VT] el M.
2290	lleva M QC, S, VT] llena Q.
2293+ acot.	Vanse. Queda el barquero M] Vanse los dos QC, S, Q, VT.
2296+ acot.	Mira adentro M] *falta en* QC, S, Q, VT.
2298	rompiose M] rompen QC, S; rompida Q, VT.
2299	amparar QC, M, S] librar Q, VT.
2303	encanta M, VT] y canta QC, S, Q.

2309	no te parezca importuno VT] *falta en* M QC, S, Q[36].
2311+	A una cinta verde. Soneto QC M S Q] Saca Manrique un papel, y lee VT.
2312	que en término QC, S, Q, VT] en terminos M.
2313	dios tinto QC, S, Q, VT] distinto M.
2320	junte QC, S, Q, VT] junta M.
2324	su arpón M] en harpon QC, S, Q, VT.
2329	se ha QC, S, Q, VT] sea M.
2332	tu QC, S, Q, VT] en tu M.
2345	subirse QC, M, S] subir Q, VT.
2364 acot.	Saca la cinta M] *falta en* QC, S, Q, VT.
2366	será QC, S, Q, VT] fuera M.
2369+ acot.	doña Leonor, triste M] doña Leonor QC, S, Q, VT.
2373	Ya la sabes M, S] Ya las aues QC; Ya las sabes Q, VT.
2376	Troya mi casa M] Troya a mi casa QC, S, Q, VT.
2377	todas QC, S, Q, VT] todo M[37].
2392	A aquesto QC, S, Q, VT] Aquesto M.
2395	desengaño M QC, S, VT] desengañado Q.
2398	¡Oh cuántos han querido QC, S, Q, VT] el esta reduzido M.
2399	gracias QC, S, Q, VT] grazia M.
2400	no M, VT] non QC, S, Q.
2403	amada no QC, S, Q, VT] alguna bez M.
2413	hoy QC, S, Q, VT] le M.
2414	escribí M] escribo QC, S, Q, VT[38].

---

[36] VT incluye este verso sin duda para completar la quintilla y para justificar mejor el «porque» del verso siguiente. Es con toda probabilidad invención de Vera Tassis, pero lo incluyo entre corchetes por sospechar que el autor hubiera preferido un texto sin defectos estróficos. Podría preguntarse si las palabras «*A una cinta verde. Soneto*» (v. 2311+) pueden constituir el verso final de la quintilla, pero tienen nueve sílabas y el sustantivo «soneto» no puede rimar en sí mismo.

[37] Ambas lecciones son posibles, pero M parece ser *lectio facilior*.

[38] Leonor no puede sino referirse a la nota ya escrita y leída anteriormente por don Luis (v. 2197+); el uso del presente histórico aquí crearía mucha confusión.

2415	y el gusto tenga M] porque él le tenga QC, S, Q, VT[39].
2415+ acot.	Sale don Juan como pesaroso M] Sale don Iuan QC, S, Q, VT.
2427	pálidas M QC, S, VT] lóbregas Q.
2428	trujo M QC, S] tuuo Q, VT.
2441	le induce VT] se ynduce M QC, S, Q.
2444+ acot.	Dentro M] *falta en* QC, S, Q, VT.
2445	llegad M] llega QC, S, Q, VT
2445+ acot.	Sale don Lope desnudo y mojado con una tabla o sin ella M] Sale Don Lope mojado con una daga, QC, S, Q, VT (después de «nuestros brazos», v. 2444).
2445	O tierra, o patria dulce QC, M, S, Q] O tierra, patria dulce VT.
2464 acot.	M acota: A don Juan.
2467	para entrar en él, acude QC, M, S, Q] para hacer que el agua sulque VT.
2472	por ser QC, S, Q, VT] porque es M.
2476	en el barco QC, M, S, VT] en barco Q.
2485	pudren M, VT] pudre QC, S, Q.
2491	Al fin QC, S, Q, VT] en fin M.
2496	del agua QC, M, S] de agua Q, VT.
2500	Al fin guiado QC, S, Q, VT] en fin guiando M.
2512	Ah QC, M, S, Q] Ay VT.
2519	lástimas escuchen QC, S, Q] lastimas se escuchen M; lagrimas escuchen VT.
2521	luce VT] lucen M QC, S, Q.
2523	sepulte QC, S, Q, VT] sepulten M.
2523+	Llévanla entre dos QC, S, Q, VT] llevanla entre todos queda solo don Lope en yendose don Juan M.
2525	quien QC, S, Q, VT] pues M.
2537	al que ofenderme quería QC, S, Q, VT] para mas benganza mia M.

---

[39] La variante de los impresos resulta, a mi juicio, tan oscura que prefiero la variante de M.

2538+ acot.	M acota: Saca un puñal.
2542	tierra QC, S, Q, VT] roca M.
2551	que aún no violó QC, S, Q, VT] y que no vibio M.
2561	ruina M, VT] reyna QC, S, Q.
2566	ha M, VT] han QC, S, Q.
2568	sabrán QC, M, S, VT] sabrá Q.
2570	agua y viento QC, S, Q, VT] biento y agua M.
2572	la otra media QC, M, S] a la otra media Q; la otra mitad, VT.
2587	crisoles M] cristales QC, S, Q, VT.
2589	sin aquel VT] sin que aquel QC, M, S, Q.
2596	arde M] ande QC, S, Q, VT.
2599	turbar QC, S, Q, VT] tocar M.
2601	arda, lave QC, M, S, Q] laue, arda VT.
2614	ha sido QC, S, Q, VT] y a sido M.
2620	formando están competencia / si unos M] formando esta competencia / vnos QC, S, Q, VT[40].
2613	contemplando M, Q, VT] contemplado QC, S.
2624	tierra QC, S, Q, VT] sierra M.
2626	mirar QC, S, Q, VT] en mirar M.
2629	las QC, S, Q, VT] la M.
2635	en él QC, S, Q, VT] en dios M.
2638	triunfante QC, S, Q, VT] triunfando M.
2648	se está abrasando QC, S, Q, VT] la que se abrasa M.
2649	con ímpetu M] en impetu QC, S, Q, VT.
2649	salir de ella QC, S, Q, VT] salir fuera M.
2650	hecha QC, S, Q, VT] hecho M.
2653	la QC, M, S, VT] le Q.
2664	Detened a aquese QC, S] detened aquese M, Q, VT.
2664 acot.	Detiénele M] *falta en* QC, S, Q, VT.
2672	cuando en un punto QC, M, S, VT] cuando en punto Q.

---

[40] Me convence más M, porque no está claro a qué competencia ya mencionada remite «esta» en los impresos.

2675	de QC, S, Q, VT] con M.
2677	con su esposa, y yo quisiera QC, S, Q, VT] con su esposa, yo quisiera M.
2678 acot.	Sale Manrique, medio desnudo, huyendo del fuego M] Sale Manrique QC, S, Q, VT.
2684+ acot.	Sale don Lope medio desnudo, y saca a doña Leonor muerta en los brazos QC, S, Q, VT] Sale don lope con leonor muerta en los brazos M.
2686	porque, aunque arriesgue QC, S, Q, VT] como a Riesgo de M.
2687	tuya QC, M, S, Q] suya VT.
2696	yace QC, S, Q, VT] pues be M.
2708	sienta M, VT] siento QC, S, Q.
2716	¡fuerte horror!, ¡triste suceso! M] triste horror! fuerte sucesso! QC, S, Q, VT[41].
2717	deja QC, S, Q, VT] queda M.
2729 acot.	Vase llevándola M] *falta en* QC, S, Q, VT.
2749	requiere QC, S, Q, VT] requiere a M.

---

[41] A mi juicio, esta adjetivación resulta la más lógica. Está, además, de acuerdo con los hábitos verbales del propio autor: ni «fuerte sucesso» ni «sucesso fuerte» están registrados en otras obras suyas, pero sí «fuerte horror», «horror fuerte» y «triste sucesso» (fuente: base de datos TESO, versión 3.00, Chadwyck-Healey España 1997-1998).

Colección Letras Hispánicas

ÚLTIMOS TÍTULOS PUBLICADOS

618 *Rimas humanas y divinas del licenciado Tomé de Burguillos*, LOPE DE VEGA.
Edición de Macarena Cuiñas Gómez.
619 *Tan largo me lo fiáis. Deste agua no beberé*, ANDRÉS DE CLARAMONTE.
Edición de Alfredo Rodríguez López-Vázquez.
620 *Amar después de la muerte*, PEDRO CALDERÓN DE LA BARCA.
Edición de Erik Coenen.
621 *Veinte poemas de amor y una canción desesperada*, PABLO NERUDA.
Edición de Gabriele Morelli (2.ª ed.).
622 *Tres elegías jubilares*, JUAN JOSÉ DOMENCHINA.
Edición de Amelia de Paz.
623 *Poesía de la primera generación de posguerra*.
Edición de Santiago Fortuño Llorens.
624 *La poética o reglas de la poesía en general, y de sus principales especies*, IGNACIO DE LUZÁN.
Edición de Russell P. Sebold.
625 *Rayuela*, JULIO CORTÁZAR.
Edición de Andrés Amorós (21.ª ed.).
626 *Cuentos fríos. El que vino a salvarme*, VIRGILIO PIÑERA.
Edición de Vicente Cervera y Mercedes Serna.
627 *Tristana*, BENITO PÉREZ GALDÓS.
Edición de Isabel Gonzálvez y Gabriel Sevilla.
628 *Romanticismo*, MANUEL LONGARES.
Edición de Juan Carlos Peinado.
629 *La tarde y otros poemas*, JUAN REJANO.
Edición de Teresa Hernández.
630 *Poesía completa*, JUAN DE ARGUIJO.
Edición de Oriol Miró Martí.
631 *Cómo se hace una novela*, MIGUEL DE UNAMUNO.
Edición de Teresa Gómez Trueba.
632 *Don Gil de las calzas verdes*, TIRSO DE MOLINA.
Edición de Enrique García Santo-Tomás.
633 *Tragicomedia de Lisandro y Roselia*, SANCHO DE MUÑÓN.
Edición de Rosa Navarro Durán.
634 *Antología poética (1949-1995)*, ÁNGEL CRESPO.
Edición de José Francisco Ruiz Casanova.

635 *Macías. No más mostrador*, Mariano José de Larra.
    Edición de Gregorio Torres Nebrera.
636 *La detonación*, Antonio Buero Vallejo.
    Edición de Virtudes Serrano.
637 *Declaración de un vencido*, Alejandro Sawa.
    Edición de Francisco Gutiérrez Carbajo.
638 *Ídolos rotos*, Manuel Díaz Rodríguez.
    Edición de Almudena Mejías Alonso.
639 *Neptuno alegórico*, Sor Juana Inés de la Cruz.
    Edición de Vincent Martin y Electa Arenal.
640 *Traidor, inconfeso y mártir*, José Zorrilla.
    Edición de Ricardo Senabre (10.ª ed.).
641 *Arde el mar*, Pere Gimferrer.
    Edición de Jordi Gracia (3.ª ed.).
642 *Las palabras del regreso*, María Zambrano.
    Edición de Mercedes Gómez Blesa.
643 *Luna de lobos*, Julio Llamazares.
    Edición de Miguel Tomás-Valiente.
644 *La conquista de Jerusalén por Godofre de Bullón*,
    Atribuida a Miguel de Cervantes.
    Edición de Héctor Brioso Santos.
645 *La luz en las palabras. Antología poética*, Aníbal Núñez.
    Edición de Vicente Vives Pérez.
646 *Teatro medieval*.
    Edición de Miguel Ángel Pérez Priego.
647 *Libro de las virtuosas e claras mugeres*, Álvaro de Luna.
    Edición de Julio Vélez-Sainz.
648 *Tres tristes tigres*, Guillermo Cabrera Infante.
    Edición de Nivia Montenegro y Enrico Mario Santí.
649 *La Estrella de Sevilla. El gran rey de los desiertos*, Andrés de
    Claramonte.
    Edición de Alfredo Rodríguez López-Vázquez.
650 *La música que llevaba (Antología poética)*, José Moreno
    Villa.
    Edición de Juan Cano Ballesta.
651 *Las bicicletas son para el verano*, Fernando Fernán Gómez.
    Edición de Francisco Gutiérrez Carbajo.
652 *Los empeños de una casa. Amor es más laberinto*, Sor Juana Inés
    de la Cruz.
    Edición de Celsa Carmen García Valdés.
653 *Mesteres*, Arcadio López-Casanova.
    Edición bilingüe de Xesús Rábade Paredes.

654 *Teatro original completo*, TOMÁS DE IRIARTE.
　　Edición de Russell P. Sebold.
655 *El año del wólfram*, RAÚL GUERRA GARRIDO.
　　Edición de José Ángel Ascunce.
656 *Isidro*, LOPE DE VEGA.
　　Edición de Antonio Sánchez Jiménez.
657 *La busca*, PÍO BAROJA.
　　Edición de Juan M.ª Marín Martínez.
658 *Fábula de Polifemo y Galatea*, LUIS DE GÓNGORA.
　　Edición de Jesús Ponce Cárdenas.
659 *Espejo de paciencia*, SILVESTRE DE BALBOA.
　　Edición de Raúl Marrero-Fente.
660 *Novelas cortas de siglo XVII.*
　　Edición de Rafael Bonilla Cerezo.
661 *Obra crítica (1888-1908)*, EMILIA PARDO BAZÁN.
　　Edición de Íñigo Sánchez Llama.
662 *La prudencia en la mujer*, TIRSO DE MOLINA.
　　Edición de Gregorio Torres Nebrera.
663 *Mala hierba*, PÍO BAROJA.
　　Edición de Juan M.ª Marín Martínez.
664 *El pozo de Yocci y otros relatos*, JUANA MANUELA GORRITI.
　　Edición de Leonor Fleming.
665 *Si te dicen que caí*, JUAN MARSÉ.
　　Edición de Ana Rodríguez Fischer y Marcelino Jiménez León.
666 *Pastores de Belén*, Lope de Vega.
　　Edición de Antonio Carreño.
667 *La casa encendida. Rimas. El contenido del corazón*, LUIS ROSALES.
　　Edición de Noemí Montetes-Mairal y Laburta.
668 *El mundo de Juan Lobón*, LUIS BERENGUER.
　　Edición de Ana Sofía Pérez-Bustamante Mourier.
670 *Los cachorros*, MARIO VARGAS LLOSA.
　　Edición de Guadalupe Fernández Ariza.

DE PRÓXIMA APARICIÓN

Teatro completo, FRANCISCO DE QUEVEDO.
　　Edición de Ignacio Arellano y Celsa Carmen García Valdés.
La palabra iluminada (Antología 1955-2007), MANUEL PADORNO.
　　Edición de Alejandro González Segura.